Ⓢ新潮新書

おおたわ史絵
OTAWA Fumie

プリズン・ドクター

975

新潮社

プリズン・ドクター——目次

第1章　刑務所のお医者さんになりました　7
プリズン・ドクターにたどり着くまで　8
医療チームはクセ有り揃い　23
WE ARE TEAM　35

第2章　診察室の風景　41
刑務所にないもの、な〜んだ？　42
夏は水虫、冬はしもやけ　55
名前は呼びません　63

第3章　罪人のカルテ　71
刺青、指詰めの有無をチェック！　72
薬持ちはステイタス　85
自分の指を噛みちぎった男　95
刑務所ごはんでナチュラルダイエット　105

第4章　懲役のベテランたち　117
人懐っこい「いい子ちゃん」　118
累犯ワースト1は薬物依存者　128
刑務所で死ぬということ　147

第5章　女という罪　155
女子刑務所にて　156
次に生まれてくるときは　169

第6章　罪を犯さずには生きられない　177
少年院で育った子　178
組員という生き方　201
「刑務所に戻りたかった」　214

第7章　それでも世間の風は吹く　227
ＬＧＢＴＱと刑務所　228
新型コロナvs.受刑者　236
希望寮と保護室　247
第8章　笑う刑務所を作ろう　253
笑いの健康体操　254
笑い方を忘れてしまう受刑者たち　263
あとがき　278
謝辞　284

第1章　刑務所のお医者さんになりました

プリズン・ドクターにたどり着くまで

それは2018年6月、年号がまだ平成だった頃のはなし。

梅雨明けもまだだというのにやたらと晴れたその日は朝からすごく暑かった。

地下鉄の駅からの道は公園や広場に囲まれていた。木々の緑が風に揺れてとても雰囲気が良い。少し向こうには小高い丘も見えて、そこにはこぎれいな住宅が軒を並べている。

ゆったりと犬の散歩をさせる地元のひとたちと何人もすれ違った。

そんな好環境な場所に私の新しい赴任先はあった。

私の向かった先、そこは……刑務所だった。

「そもそも、なぜドクターの道を志したのですか?」

これまでに幾度となく受けてきた質問だ。

第１章　刑務所のお医者さんになりました

「なんで公務員になったんですか？　会社員になったんですか？」

とは尋ねないのに、どうしたわけか医者になった理由は必ず訊かれる。どうやらこの国では医者になるにはそれなりの理由が求められるらしい。

私の場合はそれに加えて、

「なんでテレビに出るようになったんですか？」

と疑問を持たれ、今や、

「それでまた、どうして刑務所で働くことになったのですか？」

この質問までもが加わった。

それもこれも、私の人生の選択が一般常識からちょっとばかり外れているからなのだろう。

医師になったのはともかくとして、はっきりしているのはテレビと刑務所、そのどちらもが思ってもみなかった展開だということだ。

自己紹介のかわりに簡単にいきさつについて説明させていただくことにする。

私は開業医だった父の影響で医学部に進んだ。昭和生まれなので、当時じゃ、

「お医者さんの子は医者になるもんでしょ?」的なヘンな風潮が社会全体にあって、私の場合もそれに洗脳されていた部分が大きい。当事者の父は私に進路を押しつけたことはなかったけれど、母親と親戚一同、周囲の期待は子供ながらに手に取るようにわかった。だから、そうするのが最善だと信じていた。おまけにファザコンでもあったので、父の喜ぶ顔が見たいという純粋な子供心もあった。

自分が医師に向いているか? 医学が好きか? なんて問題は考える余地もないままに、あっという間に高校生になり大学受験。幸か不幸か医大に合格できてしまったので、人生設計について熟考もしないうちに大学生活6年間を経て国家試験を受け、医者になった。

若いころの状況をかなりすっ飛ばして語るとこのようになろう。たいした思慮のないテキトウな若造だ。

さて、世間では医学部が難しいとか国家試験が大変とか、そう想像されるかたが多い。けれど、本当に困難なのは、実は医者になってからのほうだ。

新卒の研修医時代の葛藤の日々はかつての著書『女医の花道!』『続　女医の花道!』

（のちに『女医のお仕事』に改題）に詳しく書いたので、もしもご興味があればそちらもお手に取っていただければ幸いである。

ひと言でいうと、なにもできない下っ端のドクターは、プライドもなにも木っ端みじんに打ち砕かれる事態になった。

まあ経験もないぺーぺーの新米。仕事ができないのはしかたないじゃないか。そうやって開き直れるだけのメンタルがあればよかったものの、当時の私は今からは想像がつかないほど打たれ弱く、

「ダメだ！　ダメだ！　なにやってんだ？」

上司からの叱責の連続で脳と心が病んだ。

忙しすぎてろくに寝るヒマもなかったのも災いした。

〝本当に私は医者をやりたいんだろうか？〟

強い信念もなく医師になってしまったしっぺ返しがその時に来たように思えた。

なんとか這うような思いで2年間の研修医生活をこなしたものの、そのあとは本当にダメになった。

人生に息切れして、すべてを放り出して部屋に引きこもった。かろうじて死なない程

度に食べ物だけは調達し、存在を殺してなんとか生き延びていた。誰にも会わず、太陽も見ない。

ひとはこれを鬱状態と呼ぶだろう。

およそ半年間、こんな時間が流れた。

今から考えるとおそろしいことに、誰にも相談しなかった。医師でありながら自分では自分のことに気づかない。病気だと思っていなかったので、精神科の友達にも連絡すらせず、当然薬も飲まないで過ごしてしまった。

でも人間の自己治癒能力っていうのはすばらしいもので、半年くらいすると自然に心の中にじわじわと水がわいて出てくる感覚が起きてきた。それまで干乾《ひから》び切っていたひび割れた地面に少しずつ水がしみ出していくような感じ。これが1センチ、2センチとゆっくりと増していくのと同時に、

〝あぁ、やっぱり何かやらなきゃな。どうせ生きていくんだからな〟

という気持ちになれた。

やる気満々とはいかないけれど、まあなんとかやっていけるくらいのレベル。それでも以前の泥のような引きこもり生活に比べたら、それこそ雲泥の差だった。

他にできることもないので医師に復帰する道を探すほかなかった。協力してくれる先輩がたの力を借りて、かろうじて復職を果たした。

ただ、

〝以前と同じように働いたら、きっとまた自分は破綻する。そのときはもう這い上がれないだろう〟

そんな恐怖心があった。そこで考え出した作戦が、

〝自分の内側を外に吐き出そう〟

というものだった。

まずは文章を書いた。なんでもいい、面白いと思ったこと、仕事をしていて発見したことなど、気分にまかせて書き留めておいた。

しばらくそれを続けるうちに、読み返してみると結構面白いじゃないか。せっかくだから誰かに読んでもらいたい、と欲が出た。

という運びで編集部に電話をした。普通はここで電話はしないのだろうけれど、私の場合は当時異常なパワーを持ち合わせていたようだ。鬱々としていたぶん、その反動でちょっと躁にふれていたのかもしれない。

ともあれ、無謀にも何のコネクションもなく勝手に電話営業をかけたのだが、たまたま出逢った編集者がすばらしくものわかりのいいかたで、ドシロウトの私の原稿を読んでくれた。そしてなんと、

「キミ、おもしろいじゃない」

と言って、それを即座に採用してくれたのだった。

そんな夢みたいなデビューがあるものか？　と我ながら驚くエピソードだけれど、これがメディアに出るすべてのきっかけだ。

ここから雑誌の仕事が始まり、それを見たラジオ局が依頼をくれた。それを聴いたテレビディレクターが声をかけてくれて、それらがつながりにつながって今にいたる。タレント女医なんかになる予定ではなかった。すべては自分のメンタルのコンディションのために始めたガス抜きのつもりだったのが、意図せぬ方向に育っていっただけの話なのだ。

いつだって人生は思うようには進まない。

医師とメディアの仕事をかけもちしながら、傍目にはうまく立ち回っているように映

ったと思う。

一見派手そうに見える暮らしの裏側は、その実ひどく地味なものだった。ことに実父を病気で亡くしてからはその医院を継ぎ、医師と経営者の役割を必死でこなした。小さいながらもひとつの所帯をひとりで背負っていくのは孤独で苦しいことも多かった。

悩む度にどこかに引っ掛かり続けたのが、

〝そもそも自分は医者になるべきだったのか？〟

という問題だ。いつだってこの課題が私の人生に立ちはだかった。

人間って、心の底から切望して手に入れたもののためなら、死ぬ気で努力ができるのだ。私にはそれが足りないから、毎日の苦労をひどくつらく感じてしまうのだろう。またもや根っからのネガティィヴ思考が自分を傷つける。どこまで暗い奴なんだと自らを恨む。

父の後を継いで15年が経ったとき、いくつかの出来事が重なって私は閉院を決意した。文章にしてしまうとたったこれだけのことなのだけれども、これは会社をたたむに等しいことなので、ずいぶんと悩み考えた。

何より父が愛してやまなかった医院を消してしまうことへの罪悪感が一番の問題だったが、何度も何度も墓前で問いかけるうちに、見えない父が、

「史絵、もういいよ。じゅうぶんだよ」

と言ってくれた気がした。あくまでも私の勝手な思い込みなのだけれど……。

でも、その直感に従っても許されると思えた。

母もすでに他界していたので、もう誰かの夢を投影して生きる理由もなくなっていた。

私は遅ればせながら、生まれて初めて親の笠を捨ててひとりで歩いてみる覚悟を決めたのだった。


さて、開業医をやめると決めたらやることは山ほどあった。

長年の患者さんへの指示、役所の届け出、税務整理などなど。日々忙殺されたが、父の遺品のひとつでもある医院だと思えばぞんざいに扱うわけにはいかなかった。最後まできれいに整えて終焉を迎えるのが最低限の親孝行だと己に言い聞かせた。

そんなわけだから、その先の自分の人生計画などは考える余裕もなかった。普通は次の仕事を決めてから現職を辞すのが定石なのだろうけれど、私はすっかりノープランだ

った。このあたりが私のズレているところだ。

次の仕事に関しては、

〝もしも自分にまだ能力と運と縁があるとしたら、どこかでまた働くことができるだろう。逆に社会のどこからも求められないのだったら、それはそれでいい〟

風来坊になる覚悟もできていた。

まさにそんな矢先。私がコツコツと閉院準備に励んでいることを知った古くからの友人が意外な話を持ってきてくれた。

「法務省がドクターを欲しがってるんだけど、どう？　興味ない？」

これが矯正医官の話だった。

聞けば、相当の医師不足らしい。

ホームページを覗いてみると、当時人気絶頂のEXILEのATSUSHIさんがリクルート広告に協力されていたのが目を惹いた。おカタい法務省に不似合いなカッコいい写真。広報への力の入れ具合から、それだけ切実に医師を求めている様子が伝わってきた。

『刑務所・少年院等　医師募集　本気で、誰かと向き合ったことはあるか』

確かに刑務所だって少年院だって、入っているひとたちのための医療は必要だ。彼らだって同じ人間なのだから、外の人々と変わらぬ病気になるしケガもするだろう。考えればすぐにわかりそうなことなのに、それはこれまでに思い浮かべたことのない働き口だった。

「見学だけでも、一度来てみませんか?」

まもなく法務省の担当者からの連絡を受けた。あちらにしてみれば、ダメ元のつもりだったのだろうけれど、私は驚かれるくらいの二つ返事でそのお誘いに乗った。

もとから好奇心は旺盛なほうだ。知らない世界を見るのは愉しみだ。それが刑務所だろうが犯罪者だろうが、私にとってはあまり問題ではなかった。逆にいい大人になってからまだ新しい知見が広がることはありがたい機会とすら感じたのだ。

いざ、刑務所見学当日。2017年10月のある日、晴天。

少しヨレた背広姿の矯正局の担当官が「ありがとうございます」と汗を拭きふき私を案内してくれた。年の頃なら30代後半、夏でもないのに汗だくでせっせと動きまわるさまは、いかにもお人好しそうな公務員といった感じだ。

施設案内では建物の中をひと通り、舎房から工場、食堂、そして肝心の医務部、それらを見て回った。実際に被収容者たちが作業をしているところもすぐ近くで見せてもらえた。日常生活で何気なく目にしていたスーパーの値引きシールとか、リボン徽章（式典で胸につける花の形をしたリボン）など、「へえ、これはここで作られてたんだ」と初めて知った。

想像していたよりもはるかに静かで落ち着いた作業風景だった。かつての高倉健さんの映画みたいな暴れん坊ばかりではないようだ。

医務部は受診待ちの患者が列を成していた。誰もが壁のほうを向かされて黙って後ろ手を組んでいたけれども、診察を心待ちにしている雰囲気は伝わってきた。それだけニーズがあるということか。

医務の部屋には診察机がいくつか並んでいて、数名のドクターが同時進行で診察を行っていた。聞こえてくる会話は、私が外の世界で見てきたそれとなんらかわりはない。

「それで、今日はどこが痛いの？　前よりはよくなったの？」

そんな調子の、患者と医者の普通によくあるほのぼのとした交流。

ものものしい塀の中とは思えないくらい、やわらかい空気が流れていたのが印象的だった。

その後も刑務所、医療少年院、医療刑務所、女子刑務所、合計4カ所の施設を日を変えて見学させてもらった。医師確保が急務なだけに、法務省のヨレた背広の担当官はいつもすごく積極的に段取ってくれた。成人でも少年でも女性でも、医務は大人気で活気があった。どこも医療を必要としている被収容者がたくさんいるのだ。それに見合うだけのドクターがいないことはたしかに矯正局の抱える大問題だと理解できた。

そりゃあATSUSHIさんほどのスターに広告キャラクターをお願いしたくなるのも無理はない。人集めをしたければ、とにかく世間に知ってもらわねば始まらないから。

予定されていたすべての施設見学を終えるよりも前に私の気持ちは決まっていた。

「はい、私やります。矯正医官」

あっさりと返事をしたものだから担当官は、

「え、マジですか⁉」

喜ぶというよりも拍子抜けしたほどだった。普通なら苦労して案内してもなかなかドクター確保の決定には至らない。

理由はさまざま。塀の中に偏見があったり、金銭などの条件面に難色を示したり。薬も検査も十分とは言えない体制で診療をしなくてはならないのもネックだった。なんにせよドクターはいつでも求人がやまほどある職種なので、わざわざ刑務所で働こうと思うひとは少ない。

私がやると答えた理由は単純だ。ただ自分に向いていると思えたから。

まず何よりも、塀の中の人々を怖いと感じなかった。診察室には心地よい温かさすら覚えた。患者をかわいいとも思えた。それはこれまで外の世界で診てきた患者さんに持っていた感覚となんら違いないものだ。

時流では、医療も富裕層向けの都心のクリニックなどが増えてきたけれども、私にはそっちよりもこっちの方がしっくりきた。

そして、運良く私は薬や検査がほとんどない場所での医療は経験があった。たまたま縁あって、10年以上にわたり北アルプスの山頂で夏山診療を担当してきたからだ。

何十年かの内科医の経験も肥しになっているだろうし、試験を受けて取得した総合内科専門医の資格も総合的に患者を診る力をつけてくれていた。

そう考えると、自分のやってきたことはどれもムダではない気がした。

この後、私が刑務所に誘《いざな》われた運命はもっと明確に色づけられることになるのだが、そのあたりはまた後ほど。

ともあれ、私は刑務所で働くことを決めた。

医療チームはクセ有り揃い

「刑務所で働く医者って、どんなひとなんだろう？　普通の医者と違うのかな？」

そんな疑問を持たれるかたがいるようなので、ここではプリズン・ドクター、矯正医官について説明していこう。

２０２２年現在、塀の中で働く医師＝矯正医官は２９１人。

この人数は日本にいる医師のたった０・０８６％に過ぎない。

この数字を見るだけでも、私の仕事がどれだけマイナーな存在かがおわかりいただけるのじゃないかな。

かくいう私だって、ここに来るまではそんな仕事があると知りもしなかった。何十年も医者の世界で暮らしてたっていうのに、だ。

矯正医官とは刑務所や拘置所、少年院で被収容者の診察に当たる医師のこと。これは法務省に属するれっきとした国の仕事なのだけれど、その内情はスポットライトが当たることのない知られざる世界。

昭和のころにはあまりにも認知度が低かったため、どこの矯正施設も医師が欠員だらけ。おかげで省の担当者は人材確保のために相当な苦労をしてきたようだ。

雨の日も風の日も全国行脚、大学病院を駆けずり回って医師を派遣してくれるように頭を下げた。また、ときにはドクターの一本釣りに足を運び、難色を示す医師たちを口説いて回った。

中には日本語がほとんど通じない海外国籍の医師までもが候補にあがったこともあるというから、なんともいたましい。そんな状態が平成まで続いたという。

なぜそこまでして医師を確保する必要があるか？

じつは、この国では医師免許を持っている人間がいないとなにひとつ医療行為が始まらない。診断も投薬も注射も、すべてにおいて医師のGOサインがいるからだ。

私は謙遜でもなんでもなく、自分がとりわけ能力を有しているとは思えない。けれども私の持っている医師免許という資格の重さだけは認めざるを得ない。

塀の中では日々、多くの受刑者たちが生活をしている。全国73カ所ある刑務所・拘置所（支所を除く）によって定員はまちまちだけれど、少なくても数百人。多いところでは千人規模に及ぶ。

それだけの人間が揃えば中には収容前から持病のある者もいるし、急な病気やケガをすることだってある。ときには心筋梗塞やがんなど、命にかかわる病だって起こす。

「でもさ、わざわざ罪人を助ける必要があるの？　そもそも悪いことをした人だよね？」

というご意見もあるだろう。

たしかに、ひとを殺したような極悪人が刑務所でのうのうと医療を受けていると思うと腹が立つかたもいるに違いない。被害者の気持ちを考えたなら、耐え難い気分にもなる。

でもね、刑務所は罪人を閉じ込めて懲らしめる場所ではないのだ。

その昔の監獄のイメージだとそういう風に誤解されがちだが、現代における本当の目的は犯した罪に対して懲役という労働をするところなのである。

時給換算するとおよそ４～１３０円くらいなので、ものすごく少ないのだけれど、そうやって労働力をもって罪を償う。その毎日の中で自省や学びを経験し、更生への道がつながっていくのだ。

だからこそ、彼らは規則正しく働かねばならない。そのためには健康で働ける心身のレベルを維持してやる必要があるのだ。

だってほら、もし病気が悪化して寝たきりにでもなったらどうする？　働けないどころか医療費も生活費も税金から賄うことになるでしょう？　それじゃよけいに国民のお荷物になってしまうじゃないか。

だからこそ国の責任として彼らの体調管理をするスタッフが必要。

それこそが私たち矯正医療従事者のいる意味だ。


さきほど話したように、長いこと続いた医師不足の時代、

「なんとしても刑務所にドクターの確保を！」

そんな法務省担当者らの努力も空しく、思うように人材を集められなかったのは、単に認知度の低さだけの問題ではなさそうだ。

知ったとしても首を縦に振る医師は少なかった。

まず第一に、矯正施設には医療設備が少なく、できる医療に限界がある。

血液検査や尿検査、心電図とレントゲンくらいは可能だが、エコーや内視鏡は施設によってあったりなかったり。CTがあるところはわずか9施設だ。MRIが備わっているのはなんと1カ所。PET検査なんてもってのほかだ。

これでは大学病院クラスの最新医療の現場で働いてきたドクターにとっては、「ええ〜？　なんにもないじゃんか！　ここでいったいどうやって診断しろっていうのよ！」

と困り果ててしまうだろう。私も若かりし頃だったら、

「ムリ無理！」

一瞬で首を横に振っただろう。

ただ、お話ししたように、偶然にも私は30代の頃、アルプス山頂の夏山診療所という場所での医療を経験していた。10年以上、夏休みには毎年欠かさずに登った。

なんと言っても、そこは雲の上。下界の比にならないくらいに設備はなかった。血液検査もできなけりゃレントゲンもない。

にもかかわらず登山客には中高年が多くて、登山中に狭心症を起こしたり転倒して骨

折したり、何かとトラブルが起きる。

医療機器があろうとなかろうと、それでもなんとか診断をつけ、応急処置をしなくてはならなかった。

つまり私は、そういう何もない場所での医療にはちょっとばかり慣れていた。

人生、本当に何が役に立つかわからない。山頂で、

「とにかく無事に下界まで降ろそう。町に下りさえすれば病院はいくらでもある」

と思いながら頭をひねって診察をしたように、塀の中では、

「とにかく刑期満了まで無事に働いてもらってシャバに出すぞ」

と考える。塀の外ならば一般の病院にかかることができるのだから。

登山客と受刑者をいっしょくたにしてはいけないけれど、そこにある医療の本質に違いはないのである。

矯正医療の現場には設備がないと話したけれど、薬もこれまた少ない。

外の世界とは比較にならない。2022年時点で我が国の薬価基準に収載されている薬剤だけでもなんと1万3千種類（！）があるのだけれど、塀の中にはわずか数百種類

ぽっちだ。

実際に処方しようと思うと、

「あぁ、あの薬はないのか。これもかぁ」

正直、そう思うことだらけ。

でも、ないならないで、あるもので賄う。そうするしかないし、それも医者の知恵の使いどころだ。困ったときは、

(山の上の診療所を思い出せ、あれよりはまだ物があるじゃないか)

自分をそう叱咤する。

そうやって苦肉の策で処方を組み合わせて行った治療が意外にもよく効いたりすることもある。

そういうケースを経験すると、逆に一般社会にはよけいな薬があふれ過ぎている気がしてくるから、人間の価値観とは環境に左右されるものなんだな。

もうひとつ、医師不足の本質的な問題にも触れなくてはならない。

それは、お給料があんまり良くないこと。

これは決定的なネガティヴ要因である。医は仁術とはいうものの、ボランティアでは続かない。まずは自分がしっかりと生活できなければ、人助けもへったくれもないのである。

そもそも医師になるのには時間と労力とお金がかかっている。大学生活が6年間。国家試験までストレートでパスしたって、他の学生よりは親がかりの期間が長い。その間の学費もかかる。

それだけ投資した結果、ようやく医師免許を手に入れたのだから、

「さあ！　ガンガン働いて山ほど稼いでやるゾ！」

そう考えるのはごもっとも。それが親孝行でもある。

たとえ賃金が安くても、学位が取れる大学院とか海外キャリアの積める留学ならばまた話は違って希望者も大勢いる。だが給料は安い、先端医療も学べない、海外にも行けないどころか塀の中に隔絶されているときては、もうどうしようもない。やる気に満ち満ちた若いドクターにとって、矯正医療は眼中にない職場であることは、どうしたってしかたのないことなのだった。

だから、である。矯正現場で出会ったドクター陣はちょっとした変わり者ばかりだった。

・極度の人見知りで、こちらの目を見て話ができないもじもじドクター
・大病院のパワハラに耐えきれず逃げるようにやってきた若手医師
・勤務医定年後はゆっくり過ごそうと思っていたのに、無理やり奥さんに刑務所に送り込まれたと嘆く初老のドクター
・子育てと勤務医当直でボロボロになり、当直のない職場を探すうちに流れ着いた女性医師
・制服や号令をこよなく偏愛するアーミーマニアドクター

こんな面々だった。今にもドラマが描けそうでしょ？

医者はもともと風変りな人間が多いのだけれど、プリズン・ドクターはそれに輪をかけた個性派集団だった。私もそのひとりだけどね。

そんな中で、故大橋秀夫先生の存在は傑出したものだったと言える。いくつもの刑務所で精神科医として治療にあたりながら、現在の矯正医療システムを作られたドクター

だ。終末期の受刑者に対する緩和ケアの導入も、所内でクリスマス会や落語会などの行事を続けてこられたのも、先生の功績が大きい。敬虔なクリスチャンでもあり、平等の意識の下に仕事をされる様を称して、いつしか人は先生を「ミスター矯正医療」と呼ぶようになっていた。いつもスマートな笑顔が印象的な紳士だった。

2021年に亡くなる直前まで担当されていた長期刑の受刑者は、反抗心からハンガーストライキをおこし、体重が30キロを割るほどまでに重態化していた。それが先生の根気強いカウンセリングによって日々回復していく過程を傍らで見ることができたのは、医師として本当に貴重な体験だったと言える。あらためてお礼を申し上げ、ご冥福をお祈りしたい。

「刑務所で働くって、怖いことはないんですか？」

こんな質問を受けることがすごく多い。

答えはNO。少なくともこれまでに怖い思いをしたことは一度もない。だって刑務所の中はドス（短刀）もチャカ（拳銃）もないもの。たとえ罪を犯した人間であっても、綿の肌着一丁で診察室に座る丸腰の人間は怯えるに値しない。

考えてみれば、塀の外だって医者の仕事は危険がいっぱいだ。

なぜならセキュリティチェックなしで誰でも診察室に入れる。みなさん、病院に行って持ち物検査を受けたことなんかないでしょ？　つまり、仮に包丁を持ち込んだとしても誰にもバレやしない。

それに個人情報だらけのプライベートな空間ゆえに、患者さんと一対一になることも多い。身体を晒す関係上、防犯カメラもそうそうつけられない。そして万が一、何か激しいトラブルがあっても助けてくれる頼もしいガードマンもいない。

そんな風だから、実際に患者の逆恨みによって襲われる医師の事件が何年かに一度はニュースになる。刺されたり火をつけられたり、死亡事件がニュースになったのも記憶に新しい。

医師のほんの一言が大きな誤解を招いたり、治療が思い通りにいかなかったり、恨まれる材料は掃いて捨てるほど転がっているのが医療の現場だ。

話せばわかる相手ならばともかく、精神状態や理解力によっては意思の疎通すら難しい患者もいる。

刑務所の、ある精神科ドクターはこう語る。

「そうですねぇ、精神科医はみんなここに来る前に一度や二度は患者に殴られてますよ。流血騒ぎだってまれじゃありません。人間が怖いのは、外も中も変わらないんですよ」

そう、その通り。人間はもともと恐ろしい生き物だ。塀の中、外は関係ない。

逆に危険物の持ち込みが厳しく管理されていて、屈強な刑務官たちが何人も見守ってくれる中で診察ができるのだから、刑務所の診察室は外の世界よりもはるかに安全な気がする。

ちゃんとやっていれば訴訟リスクもほとんどない平穏な職場だ。世間では治療がうまくいかなければすぐに医療過誤と言われかねないピリピリした変な緊張感がある時代。そんなこととは無縁の世界、ある意味で純粋に医療のことだけに集中できるやりやすさすらある。

どうだろう？　ここまで聞いたら、

「やってもいいかな〜」

と思ってくれたドクター諸君もいるのではないかしら？

もしもご興味があればご連絡を。求人は法務省のサイトで随時しています（笑）。

WE ARE TEAM

医療業務を行ううえで、ドクターと同じくらい必要な存在、それがナース。

世間一般でナースと言えば、大多数は女性である。近年では男性看護師も増えつつあるものの、まだまだ女性社会。みなさんも真っ先に白衣の天使と称される愛らしい姿を思い浮かべることだろう。

ところが矯正施設の看護師＝プリズン・ナースとなると、案外と男性の姿が目立つ。いわゆるナースマンだ。

女子刑務所や少年院なら別だが、男子受刑者を扱うとなると、やはりナースも男性だと何かと都合がいい。

禁欲生活の男子受刑者に刺激を与えたくないのもあるけれど、そればかりではない。

薬剤性精神病などで不穏になっている患者もいるので、いざ暴れ出したときに押さえ込めるだけの武道に長けたムキムキ筋肉系がとても役に立つ存在なのだ。

施設によっては刑務官が看護師を兼任するところもある。

まずは刑務官として就職し、希望すればそこから准看護師養成所に行くことができる。そうやって資格を取得した暁には医務課の刑務官兼看護師として働く仕組みだ。多くのナースマンはこうしてできあがる。

ナースと刑務官、勤務中はどちらの制服をも身にまとうので、首から下は白衣、頭には紺色の制帽、なんて妙なコスプレみたいになってしまう。その姿はちょっとマヌケでかわいいが、本人たちはいたって真面目だ。


職務内容も刑務所ならではの一面を持つ。

たとえば、とある日出勤すると、ナースマンたちがみんな揃って長く太いヘビみたいな縄を黙々と結わいていた。白衣姿と縄はかなりミスマッチだ。見たこともないような複雑極まりない結び方で、いくつもの頑丈な結び目を作りながら長々と連なる縄。それが部屋中のあちらこちらにとぐろを巻くさまは、通常のナースステーションではまずお目にかかることのない異様な光景だ。

「なによ、いったい。みんな揃って山登りにでも行くの？　そんな趣味あったっけ？」

不思議に思って尋ねると、答えを聞いてびっくり！　なんと試験があると言うではないか。

「捕縄《ほじょう》訓練っていうんですよ。拘置所や刑務所の護送のときにこれで何人も繋いで移送するんです」

あぁ、そういえば映画でそういうのを見たことがある。腰と手首を縛られた犯人がぞろぞろと隊列をなして護送車から降りてくるシーンが思い浮かんだ。

聞けば、ゆるまないように、かつ、きつくなりすぎないように等間隔で結わくのだそうだ。きつくしすぎて神経障害などをおこさせてはいけない。痛めつけるのが目的ではないのだ。

それをできるだけ迅速に行う。ここでもたもたしていたら、その間に逃げられてしまうからだ。実際にそうした事例もあった。

だからこそ、定期的にこういう試験が行われている。刑務官を兼任するナースマンたちも同様の試験が義務付けられている。

「手錠のはめ方にも決まりがあるんですよ。上下の向きを間違えると、ほら簡単に鍵を開けられちゃいそうでしょ？」

実物の手錠を使って、その仕組みを見せてくれた。

こんな豆知識も矯正医官にならなければ知る由もなかっただろう。


話を元に戻そう。

男であれ女であれ、わざわざ矯正施設でナースをするからにはそれ相応の意思と覚悟があるように映る。少なくとも罪を犯した人間を看ることに偏見と抵抗がないのは確かだろう。

矯正医療の現場ではこの点がすごく重要だと感じる。医師も看護師も、罪人を診るためにそこへやってくる。つまり彼らに対して差別なく接することができる価値観が必要とされる。

加えて、ただ単に病気を診るというだけに留まらない、更生への道のりも共に歩むのだから、そこにはもう一歩人間の本質に踏み込む覚悟が試される。

ひとりの男性看護師に、尋ねたことがある。

「どうして刑務所で働こうと思ったの?」

「以前は普通の病院で働いていたんですけどね。時代の変化っていうか患者様をお客様みたいに扱わなくちゃいけなくなって、営業ノルマみたいなのもありましたね。看護というよりも接客業をしているみたいな気分になってしまって……。医療訴訟も多いですから神経ばかりすり減らして、少し疲れちゃったんでしょうね。そんなところへここの仕事の話があって。純粋に看護に取り組めるから自分には向いてるな、って。そう思うんですよ」

といった答えが返ってきた。そうか、不器用で優しすぎるタイプは外界の多様化する患者様の要求に応え続けるのに疲弊してしまうものなのかもしれないな。それは私たちドクターにも同じことが言える。

もしもあなたが刑務所の診察室を訪れたなら、意外なほどに丁寧な言葉で優しく接するドクターとナースの姿を目にすることができるだろう。

「その後どうです？　少しは良いかな？　そう、この調子でもう少し頑張っていきましょう」

そこには命令も強制も偏見も差別もない。

損得勘定も毛頭ない。ただの患者と治療者がいるだけだ。

ドクター、ナース、刑務官、三者が足並みをそろえて初めて治療が成り立つ。それぞれが自分の立場で被収容者を見守る。

無事に出所する日まで、彼らがどうか健康であるように、入ってきたときよりもひとつでも何かが好転しているように。

私たちはそうした想いでつながっているチームなのだ。

第2章　診察室の風景

刑務所にないもの、な〜んだ？

いきなりですが、質問。

〝あなたは刑務所に入ったことがありますか？〟

たいていのかたの答えは、もちろんＮＯだろう。

いやなに、〝入った〟と言っても、収監という意味ばかりではなし。

〝刑務所という建物を訪れたことがありますか？〟と広い意味でとらえれば、もしかしたらＹＥＳのかたもいるかもしれず。

最近では刑務所の内部を見学するツアーなども文化事業の一環として開催されていて、これが案外と人気を得ているという。だから昔ほど近寄りがたい場所というわけでもなくなっているのだ。

さて、その刑務所。じつは普通の社会には普通にあるものが、塀の内側には一切存在しない。そんなものがいくつかあげられる。

この章ではそのあたりからお話を始めようと思う。

矯正施設は、刑務所や拘置所、少年院などの総称だ。そこにはいくつもの禁止事項があるのだけれど、ことに持ち込み物に関する決まりは厳しいものがある。

最も代表的なのが携帯電話。これを持って入ることができない。

いまどきは小学生だって学校に持って行く時代だというのに、矯正の世界は世間とかなりズレている。

日本の多くの刑務所では、正門入り口を通ると守衛さんのいる受付があり、そのすぐそばに来訪者の待合室がある。そこにはいくつかのロッカーが並んでいる。よく駅でみかけるタイプのコインロッカーと同型のものだ。

「貴重品以外はロッカーに入れてください。あ、それと携帯電話、パソコン類は持ち込めませんからね」

と守衛さんから念を押される。

面会に訪れた家族や接見のかたがたはここで荷物を預けることになる。

私たち内部の者にはこのルートとはまた別の動線がある。そちらは暗証番号と生体認証、金属錠がトリプルでかけられたドアが何重にも並び、それを進むと奥は完全な塀の中となる。

建物はどこも老朽化が進み、あちこちで壁がはがれたり雨漏りが起きたり。そりゃもうボロいのだけれど、不釣り合いなほどセキュリティだけは盤石である。

施設の性格上、これだけ警備に力を注ぐのが当然なのはわかるが、あまりにもその精度がシビアすぎて静脈認証がうまくいかないのが困りもの。とくに冬場などは寒さで血管が収縮しているから、みんなエラー続出でロックが解除できずに立ち往生することが少なくない。両手をこすり合わせたり、息をハァーとふきかけたり、あの手この手で応戦。これはひとつの刑務所あるある、だ。

ちなみに私のような非常勤の医官は生体認証登録をしていないので、自分ひとりでは敷地内を自由に行き来することすらできない。売店に行きたい時や、管理棟にある来客用のきれいなトイレに行きたい場合は職員の誰かにことわりを入れて連れて行ってもらわねばならないのだ。

「すみませ～ん、トイレに行ってもいいですか？」

なんて、まるで幼稚園児みたいな話だ。

さて、さきほどの来客用ロッカーとは別に、関係者の通路にも小さなロッカーがずらっと並ぶのが目に入る。これは職員の携帯電話用のロッカーだ。みんな出勤時にはその中に自分の携帯を入れて塀の中へ入る。

そう、なんと刑務所では来客だけでなく職員すらも携帯電話を持ち込むことができないのだ。むろんタブレットもダメ、パソコンは論外。これらを隠れて持ち込んだ場合、ペナルティの対象だ。

しかしなぜ、ここまで厳しくする必要があるのだろう？

理由はちゃんとある。

罪を犯して刑務所に入れられた者たちは刑期中は外部との連絡を禁じられている。許されるのは決まった相手と決まった回数だけの面会、あとは規則に準じた手紙だけ。それ以外の通信手段の電話やインターネットには万にひとつも触れさせてはいけないのである。当然と言えば当然だ。

そもそもそこは悪事を働いて塀の中に入れられたくせ者だらけの世界。危険思想を持つ団体の幹部もいれば犯罪の計画途中でパクられた人間もいる。はたまた仲間の裏切りで自分だけが実刑をくらうはめになった者もいる。

よしんば誰かの不注意から携帯電話を落としたりして、彼らの手に渡りでもしたら、さあどうなる？

外界とどんな連絡を取るかわかったものじゃない。犯罪の続きの指示を出すかもしれない。復讐計画を立てるかもしれない。

まるでプリズンもののドラマみたいだけれど、現実にこういうきな臭い事件に発展する可能性は滅茶苦茶高いのだ。

その建物の中にいるのは、こんな風に機会さえあればいつでもまた悪いことを企てる者たちだということを忘れてはならない。

だから携帯電話禁止は面会家族や接見弁護士といった来訪者だけにとどまらず、勤務する職員らもまた同様なわけである。

「いやしかし、この時代にネットも使えないのではさぞや不便では？」と思われるだろう。

そう、不便だ。だから最近ではようやく各部署にパソコンが導入され、調べものやメールなどはできるようになった。令和の今になってようやくね。しかしそれも各自に一台割り当てられているわけではない。何人かで一台を分かち合っている形だ。

今日日、小学生だって各自にタブレットが配布されているっていうのにね。そのあたりは浦島太郎くらい世間から遅れを取っている。

もちろんWi-Fi環境などはない。

あ、そうそう。日本のほとんどの刑務所内のカルテは手書きである。世間の医療機関では電子カルテが当たり前のようになっているのだが、矯正医療の現場でそれが導入されているのは新設されたごくごく一部の施設のみ。

私もこれまでいくつもの医療機関で仕事をしてきたけれど、手書きの紙カルテを記載するのはあまりに久し振りのことで、手にしたときには懐かしさすら覚えた。

ともあれ、現代社会は時間的空間的にどことでもつながることのできる環境なのだけれど、塀の中はこんな具合にどこともつながっていない。

ちょっと異質な世界なのだった。

＊

雨の季節、刑務所の中庭の木の葉を雨粒が叩く音が聞こえる。ＢＧＭや外の雑音がないので、こういう自然の音だけがやたらと耳に入る。

こんな日に塀の内側で見かけないものの代表格と言えば、傘である。

私は刑務所内で傘をさしているひとに会ったことがない。たとえ売店のパートの売り子さんだろうと女性の事務職員だろうと、誰も傘を持って歩かない。折り畳み傘さえも持たない。ザーザー降りの日ですらそれは徹底している。

他でもない、これもまた防犯のため。

考えてみれば傘は構造上長い金属の棒状の道具、人を殴ったら怪我をさせるには充分な威力がある。おまけに先端部分は硬く尖っているので、眼でも刺したら失明する。つまり使いようによってはいとも簡単に恐ろしい凶器に変身してしまうのだ。

そんなものを塀の中に持ち込んだらひとたまりもない。なにせ傷害や殺人で有罪になった者が何百人もいる場所だ。そのほとんどは日常はおとなしく生活してはいるものの、ふとしたきっかけで何が起こるかは誰にもわからない。

世間では雨の日の街中にたくさんの忘れ物のビニール傘が無造作に取り残されている光景を見かけるけれど、塀の中にあんな風についうっかり置いて行かれたら？　考えるだけでも震えが起きる。

だからそのかわりに刑務官たちには制帽がある。あれは単なる制服としての役割だけではなく、雨除けという立派な役目も果たしているわけだ。それにレインコートの着用も許されている。これなら両手が塞がれずに済むし、実際の雨除けには事足りる。刑務所内ではいつだってこんな風に防犯が最優先に考えられているのだ。

塀の中には、傘がない。

井上陽水氏の古い歌じゃないけれどね。

*

みなさんが普段行く、かかりつけ医の診察机をちょっとイメージしてみてほしい。医療ドラマのセットでもいい。

医者の机の上なんて、内科だろうが耳鼻科だろうが基本的には大差ない。電子カルテの端末があって、何やらファイルが散らかっていて、ペン立てには何本ものボールペンがざくざくと刺さっており、アルコール消毒のボトルなんかが雑然と置かれている。あとは聴診器があったり血圧計があったり。ざっとこんな感じだろう。

しかし、である。この雑然としたもろもろのものが、刑務所の診察机には一切ない。つまり、机の上はきれいさっぱり、なんにもないのである。

聴診器は必要なときにラックから取る。血圧計もその都度引き出しから出して使い、終わったらしまう。ピンセットやハサミは奥の戸棚に収納されていて、使うときにはわざわざ歩いて取りに行く。

ボールペンもドクターは自分専用のものを胸ポケットに持ち歩き、そのへんに置きっぱなしにはしない。もしくは引き出しの奥にしまわれているペンを使い、これまた終わったら元の場所に片づける。

ある意味、すごく整理整頓がなされているようにも見えるが、もちろんこれは矯正医療のスタッフが揃って整頓マニアだから、という理由ではない。

ここまでの話の流れからすでにおわかりのように、デスク上のすべてのものが悪意によって凶器に変わるからなのだ。

たとえばボールペン1本で人を脅せる。細くて鋭い芯は頸動脈に突き立てれば人を殺めることすらできる。自傷の道具にもなる。実際に自分の耳の穴に突き立てて鼓膜を破った患者を診たこともある。私たちが日常何気なく使っている道具のひとつですら、塀の中では危険きわまりないものに化けるのだった。

矯正医官としてこうした厳しい価値観を理解しているつもりでいた私なのだが、じつは一度だけ大きな失態を演じてしまったことがある。

それは少年の矯正施設でのことだった。その日は2名の少年の診察を続けて行った。いずれも窃盗や傷害、家庭内暴力などで収容された10代の男子だった。学校からも家族からも拒絶され、居場所がなくなってそこへたどり着いた。そんなたいそうな犯罪歴ではあったものの、普段の素顔はまだ甘ったれの子供だ。ことに医務の診察を受けるときはいつも以上に従順でおとなしく素直なことが多い。

罪を犯す子供たちがすべて生まれながらの凶悪人間なのか？　と聞かれたら、私たち医官は、

「とんでもない！　そんな子はほとんどいませんよ。みんなそれぞれに事情があってここにいるんです」

と口を揃えて答えるだろう。

その日のふたりもシャイだった。照れながら診察を受けて、ちょっと興奮気味に趣味の話や最近読んだ本の話をした。彼らにとって自分の事を他人に語るのは精神的にも良いカタルシスだと思うので、私は時間の許す限りそれを聞くようにしていた。

「じゃあそろそろ時間だから部屋に戻ろうね」

刑務所よりははるかに優しいのが少年施設の職員の特徴だ。やわらかな態度で少年たちを診察室から各自の個室へと連れ帰って行った。

診察室の机を片付け、ナースステーションに戻ろうとしたとき、ふと白衣の胸ポケットに手をやると、そこにあるはずのボールペンが刺さっていないことに気がついた。

「あれ？　私のボールペン、知らない？」

同席してくれていたナースに尋ねたが、彼女も知らないと言う。

朝、白衣に袖を通したときは確かにペンはあったのを記憶している。診察室に入ったときもおそらくペンはそのままだったはずだ。診察中にメモを取ろうと机に置いたような気がするが、そのあたりからが定かではない。

明確なのは、あるはずのボールペンがなくなった、という事実だけだ。

その後部屋中を隅々まで探したが見つからず、防犯カメラの映像まで確認をした。どの時点から胸のペンが消えたのかを確かめたかったのだが、ペン自体が小さいことと画質の問題が相まって確実な証拠はつかめなかった。

その結果、事態は最悪の方向へと向かってしまった。

診察を受けた2名の男子が疑われたのだ。

成人であれ少年であれ、被収容者がものを盗み隠し持つことはすごく多い。何かに使う明確な目的がなくても、なんとなく手の届くところにあったものをくすねてしまうタイプがいるのは事実。見つかると厳しい処罰の対象になるにもかかわらず、盗みと隠匿は後を絶たない。

さっきまでにこにこと喋っていた少年を疑う気にはとうていなれなかったが、上層部の判断によって彼らを調べることになった。

診察のあと、一旦は自室に戻って自由時間を過ごしていた彼らは教官に命じられるままに身体検査を受けるはめになった。部屋の引き出しや私物チェックはもちろんのこと、服のポケットや靴下の中まで入念に見られ、最後はパンツ１枚にまでなることを強いられた。15、16歳の思春期のど真ん中だ。さぞや恥ずかしかったに違いない。

「なんでこんなことをされなきゃいけないんですか？」

ひとりの子は、屈辱と疑われたショックでそうくってかかったという。

すべては私の不注意から始まったものだ。私は深く反省して、担当教官にその気持ちを伝えた。

「私が注意さえしていればこんなことにならなかったんです。彼らがむやみに疑われることはなかったでしょう。彼らがせっかく更生しようと毎日頑張っているというのに、本当に申し訳ない気持ちです。彼らに直接謝らせてください」

でも返ってきたのはこんな言葉だった。

「先生の気持ちはわかります。でも彼らはそういう子なんです。これまでの人生で、疑われるようなことをしてきた子なんです」

返す言葉がなかった。

少年院であれ刑務所であれ、一旦中に入ると、それだけの疑念をもって判断されるということだ。その現実を目の前で見せつけられた苦い経験である。

結局あのボールペンはどこにもなかった。姿を消したまま、出てくることはなかった。

夏は水虫、冬はしもやけ

日本の夏は暑い、冬は寒い。

そりゃあここは四季のある国だから、暑いも寒いもあたりまえ。誰しも当然のことのようにさらっと聞き流してしまいがち。

だけれど、これからお話しするそれは、みなさんの想像をはるかに超えることになるだろう。

さて、ここでは、知られざる刑務所の真夏真冬の暮らしについて話していこうと思う。

単刀直入に述べると、日本の刑務所はものすご〜く蒸し暑い！　そして冬場は凍てつくほど寒い！

なぜなら全国の刑務所のなかには、なんとエアコン設備のないところがあるからだ！

断っておくが、何も懲罰のためにわざとエアコンを入れていないわけじゃあない。建物が昭和建築なのでインフラ整備ができていないのが一番の理由。改修工事をしようにもまとまった予算が必要なため、まずは国に申請してからすべてが始まる。となると実際に着手するまでに何年もかかる。

それゆえ昔の設備そのままに、自然と共存する形で今日を迎えているのだった。苦肉の策として、冬場には居室の並ぶ廊下の真ん中にかろうじてヒーターを置いたりする。しかし台数に限りがあるため、なかなか全室まで温風は行き渡らない。夏の暑さのこもる工場には巨大扇風機が備え付けられたりもする。

こうやって矯正現場は被収容者たちの健康的な生活のためにできる限りの知恵は絞っているのである。

何度も言うようだけれど、矯正の目的は罪人を働かせ、更生に向けて教育することであって、懲らしめていたぶることではないのだから。

数ある施設の中には、最近でこそようやく少しずつ改良工事が進み、ちょっとは温度湿度対策にも配慮がなされつつあるところも出てきたが、長いことあの環境下でみんなよく暮らしてきたものだと感心する。

私たちの普通の暮らしでは、夏にテレビをつければ毎日のように気象予報士がこう呼びかけている。

「みなさ～ん、熱中症にはご注意を。エアコンはつけっぱなしにしておきましょうね」

そんな時代に、よもやエアコンのない施設があるとは誰が想像しようか？

冬は冬で、

「ヒートショックにご注意を！　狭心症予防のために脱衣所もヒーターで暖めましょう」

とコマーシャルでも言っているくらいなのに、刑務所は脱衣所に暖房がないどころか、混雑時には外の通路で半分裸になって入浴の順番待ちをしていることすらある。

これでは、人権侵害か？　と問題視されかねないので一応釈明しておくと、被収容者たちはその環境でもへっちゃらな顔だ。辛くて泣き叫ぶ彼らを無理やり劣悪な環境にさらしていじめているわけではない。

もちろん環境自体は間違いなく劣悪なのだけど、慣れっていうのは恐ろしい。それが当たり前になってしまえば、暑さも寒さも慣れて乗り越えられるようになるらしい。

所内で1年も暮らすうちに、たいていの受刑者は自分で代謝のコントロールができる体質になっている。人間って本当に強い。

しかしどれだけ精神が慣れてきても、身体の細部は正直なもの。とくに体の末端にその兆しは表れる。

そう、冬の指先のしもやけと夏の水虫は塀の中の風物詩だ。

年越しの時期になると、指の先を赤紫に腫らしてやってくる患者が増える。いまどき一般社会の外来でしもやけを診る機会はかなり少ないので、こういう指先を目にすると、

「あぁ、今年も冬が来たなぁ」

と思う。ビタミンEの循環改善薬を処方する。飲み薬と塗り薬があるのだけれど、これがどちらもたまげるほどよく効く。

同様に、梅雨時に急激に増える水虫の抗真菌薬の処方箋を書く度に、

「今年の夏はじめじめ暑くなりそうだな」

なんて感じるようになる。

夏の水虫と冬のしもやけ。これも矯正医療現場あるあると言える。

暑さをしのぐエアコンがないならば、せめて水で濡らしたタオルで体を冷やせばずいぶん体温を下げられて楽になるんじゃないか？　と思うかもしれない。

しかしながら気の毒なことに、塀の中ではこの濡れタオルを自由に持つことが許されない。

刑務所の暮らしは想像以上に決まり事が多く、持ち物もやることも制限されている。入浴時以外に濡れタオルを使うのは禁止なのだ。

はてどうしてか？

濡らしたタオルというのは、ともすると凶器にもなり得る。寝ている他人の顔を覆えば窒息させることができてしまう。首を絞めることもできる。おまけにタオルのような長い布は首吊り自殺の道具にもよく使われるため、なおさら自由に持たせるわけにはいかないのである。

うちわはかろうじて許可されている施設もある。熱帯夜には鉄格子のはまった窓際でそれをあおいでなんとかしのぐしかない。まるで昭和だ。

一日で一番気温が上がる午後の時間帯などは、工場によってはものすごい熱気と湿度になることもある。例えば洗濯工場などがそうだ。

アイロンや洗濯槽の蒸気でムンムンとするなか、汗だくで黙々と作業をこなす者たち。彼らの熱中症防止のためには経口補水液が常に用意してある。みなさんがよくコンビニでみかける500mlペットボトルのやつではない。大量の粉末をこれまた大量の水に溶いて、特大ポリバケツに作り置きしたものが工場のまんなかにどーんと置かれている。数百人の男たちの脱水を予防するためにはそれくらいの量が必要なのだ。

これを作業の合間にも飲むように刑務官たちが声かけしている。

エアコンがないぶん現場の刑務官は細心の注意を払って彼らを見守らなくてはならない。言うならば、刑務官だって暑いはず。上下制服と頑丈な靴に身を包んでいるのだから、たまったものじゃない。いかにも大変な仕事だと感心するいっぽうで、彼らが被収容者らから〝オヤジ〟と慕われるのもわかる気がするのだった。

さて冬の寒さ対策は夏以上に難しい。作業着の下に肌着を着込むことはOKだが、襟巻はダメ。タオルと同じ理由で、長い布だから。

使い捨てカイロもずっとダメだったが、ようやく最近許可され始めた。手袋も施設によっては禁止。手袋の中に何かを隠し持つ可能性があるのが理由。

とかく彼らは何でもこっそり持ちたがる傾向がある。何に使うわけでなくても、隠せる場所があると何かを隠匿しがちだ。

塀の中では持ち物に制限が課せられるので、その反動もあって目につくものを自分だけの秘密として持ちたいようだ。子供ががらくたを集めて大切に宝箱にしまいこむのにも似ている。人間の本性としてわからないではない。

ただ、工場には釘とか錐みたいな危険なものもあるので、こうした危険につながるあらゆるものを徹底的に排除するのが鉄則。

それが矯正現場の常識なのだった。

とはいえ凍てつく真冬に手袋もなく、多くの受刑者が指をしもやけで腫らしながら作業をする姿は、やはり気の毒でしかない。

私たち医務のスタッフからすると、しもやけができてから薬を処方するのではなく、せめてしもやけができないような対策を取るべきだと考えるのが筋である。

だって指が痛くないほうが工場での作業効率だって良かろうし、薬代だって節約できるじゃないか。

というわけであるとき、受刑者全員に軍手を配布しようとひとりの職員が立ち上がった。

かかる経費を試算してみると、軍手一組15円、ざっと千人だとしてもワンシーズンたったの1万5千円だ。大切な血税とはいえ、けっして大きな額ではなかろう。

しかしこれがすんなり通らないのが国の仕事。

「これまで長年、手袋なしでやってこれたんだからねぇ。新しい試みは危険を伴うからねぇ」

となかなか上層部からのGOサインが出なかった。

我々医官はしかたなく毎冬、しもやけの薬を処方し続けるしかなかった。

そして昨年の冬、ようやく軍手使用の許可が下りた。3年かかった。

たった15円の軍手を各自に配布できるようになるまでにこれだけの時間を要した。良いとか悪いとかではないけれど、こんな小さなことでさえ国の決まりを変えるのは容易ではないと思い知らされた。

軍手の一件はそんな象徴的な出来事なのだった。

名前は呼びません

刑務所の医務待合室は、たいてい毎日混んでいる。診察希望者が大勢いるからだ。大規模な刑務所ともなると千人以上を収容しているので、ちょっとした町の人口くらいに相当する。よって病人怪我人もそれ相応の数になろう。

ただし診察を希望したからといって全員がすぐに思い通りになるわけではない。外の世界みたいに、

「具合悪いから休憩時間にちょっと医者に行ってくるわ」

と気軽にはいかないのが矯正施設である。

ではどうやって受診者を決めるかというと、たいていは次のような流れで行われる。

まずは週に数回、看護師・ナースマンの回診がある。全員を見て回り、体調不良者からはその症状を聞いて診察の必要性と緊急性を判断する。

どうして希望者全員をすぐさま診てやれないかというと、なかには工場作業をサボり

たいからと仮病を使う困った輩もいるからだ。学校に行きたくない日に、

「うう～ん、お腹が痛いよお」

と嘘をつく子供と同じだ。

とくに塀の中はホラ吹き率が高いので、これを端から真に受けていては診察室がパンクする。

だからそういった仮病を上手に見分けつつ、必要性のある患者を選抜して診察室に連れていく。これを担うナースマンらの熟練された目利きはそれはたいしたもので、ある意味そのへんの研修医よりも頼もしい。

こうして審査によって選ばれし者だけが患者としてやってくることができるのだ。

さぁ、いよいよここからが我らプリズン・ドクターの出番！　となるのだが、その前に……。


刑務所の診察室のちょっと変わったところをいくつかご紹介してみよう。

＊

待合室から診察室に入る際、患者は直立不動で番号と名前を名乗る。患者の取り違え防止のためだ。

一般社会ならばこういうときは、

「確認のため、お名前をおっしゃっていただけますか？」

と丁重にお願いモードで話しかけるものだけれど、刑務所ではナースマンの、

「はいっ、先生に一礼して番号と名前っ」

というキビキビした掛け声が合図。

番号とは称呼番号《しょうこばんごう》のこと。これは被収容者ひとりひとりに与えられるマイナンバーみたいなもので、基本的にはこの番号で管理される。服や持ち物にもこの番号が書かれている。

「○○番、オオタワ入りますっ」

といった具合である。いかにも映画さながらのムショ的なワンシーンだ。

それに対して、迎える側のナースには、なんと名前がない。どのナースも名前で呼び合うことはない。ネームカードもつけていない。

これは勤務するスタッフの個人情報を守るためだ。

名前や所属がわかれば公務員は名簿から個人が特定されやすい。昨今の情報社会ならば家族構成から現住所、その気になればもっとプライベートな内容までも調べることが

できるだろう。それによる不利益が生じることを避ける目的だ。

不利益、たとえば〈お礼参り〉。刑務官にしてもナースにしても、

「あいつ、態度が気にくわなかった。いつも上から目線でムカついてたんだ。腰が痛いっていうのに取り合ってくれなかった。シャバに出たら仕返しをしてやろう」

などと、とかく逆恨みされがちな職業だ。本気でやろうと思えば自宅を探し当てて襲うくらいのことは朝飯前の輩もいる。基本的に相手は善良な市民ばかりではないということを忘れてはいけない。

だからナースマン同士、全員が、

「部長」

と呼び合っているところもある。もちろん実際にはみんなが部長ではない。

同様に医師もまた、全員がただの、

「先生」

だ。名前で呼ばれることはない。

この名前のない診察室は、私たちが後々事件に巻き込まれるリスクを減らすためのひとつの手段である。

＊

待合室では長椅子に並んで腰かけて、それぞれが診察の順番を待つのだが、その光景は外の社会とはどこか少し雰囲気が異なる。

何が違うのだろう？　とよくよく見れば……。ああそうか、話し声がしないのだ。患者はみんな壁のほうを向いて口を閉じている。

その壁には張り紙に大きく書かれた、

〈交談禁止《こうだんきんし》〉

の四文字。

どうやらこの交談という単語は世間では使われないようでパソコンでこうだんと入力しても変換されない。一種のムショ用語なのだろう。

意味は読んで字のごとく、おしゃべりしちゃダメよ、ってことである。

刑務所の暮らしでは基本的に無駄な私語は禁止だ。工場での作業時間は当然のこと、入浴の時間、食事の時間なども決まり通りに黙々とスケジュールをこなさねばならない。

話すことが許されるのは、運動時間や居室での自由時間といった限られた時のみ。

本来、人間にとっては無駄話というやつが精神衛生にとても役に立つ。昔から奥様がたは井戸端会議で気分転換をし、サラリーマンは赤ちょうちんで憂さを晴らしてきたのだ。それはヘタな薬以上に効果的。

だから、それを禁じられるのはかなり厳しい罰に感じる。被収容者のメンタル教育を考えたら、本質的には最善策ではないように思える。

でも、現実問題それもしかたない。

なぜって、ムダなおしゃべりは小競り合いのもとだから。刑務所では大勢が四六時中顔をつき合わせているせいで喧嘩が多いが、それはちょっとした一言が引き金になるものだ。

また意気投合して下手に仲良くなると、それはすなわち悪い人間関係の連鎖となる。塀の中に入る前は悪の社会に身を置いていた者が多いため、彼らの繋がりはたいへん危険である。外にいる仲間に面会者を介して不要な情報が流出するのもよろしくない。新たな犯罪を企てるもとになる。

これらの事情を踏まえて、入所の段階で顔を合わせてはいけない者同士は違う施設に配置するなどの策も講じられている。

＊

診察室。これも施設によって多少の差はあるのだが、たいていは患者の椅子の位置に床にラインが引かれている。

〝これ以上医師に近づいてはいけません〟

という意味のラインだ。万が一暴れ出したりしたときに、医師に危害が及ばない距離をキープしてあるのだ。

診察中、症状を訴えたい気持ちが空回りする者がいる。いつでも自由に診察を受けられるわけでないと書いたように、せっかく巡ってきた受診のチャンス。聞いて欲しさ余って身を乗り出したりするのだが、すぐさま、

「こらっ、線まで下がれ」

とナースマンにいなされる。

床のラインのほかに、椅子が太い頑丈な鎖で柱に繋がれている施設もある。

こうしておかないと感情のコントロールができない被収容者が激高して椅子を振り回したり投げつけることがあるからだ。

世間一般の病院で、そこまで逆上する患者さんはまずいないのだけれど、刑務所ではあり得る光景なのだ。

覚醒剤など薬物による精神病を患っている被収容者も多いので、妄想や躁状態がつきもの。悪意はなくても高ぶる気分を抑えられないのもまた厳しい後遺症のひとつなのだ。普段はおとなしい者でも急に人が変わったようにスイッチが入ることだってある。安全策は練って練りすぎるということはない。

興奮して診察室から走って逃げ回る患者もいるので、その足元はみんなビニールのつっかけサンダルだ。あれだと早く走れないのがいいらしい。

こうしたさまざまなアクシデントを未然に防ぐのも、矯正施設の大事なミッションといえる。

第3章　罪人のカルテ

刺青、指詰めの有無をチェック！

みなさんが診察を受けるときに作られるカルテ。中身をじっくりとご覧になる機会はないかもしれないけれど、あれの最初の部分には、おおよそ決まった内容が決まった順序で記載されている。おおまかな流れは次のようになる。

①既往歴：過去にどんな病気をしたか？
②治療歴：それに対してどんな治療がなされたか？
③家族歴：血縁者にどんな病気があるか？
④アレルギーの有無

ざっとこんな感じ。これらは全世界的に共通の項目で、診察の第一歩として患者さんのバックグラウンドの把握にとても有用だ。ここに目を通すだけでもそのひとの生活歴が手に取るようにわかる。

昔ながらの紙カルテでも、最近の電子カルテでも、これらは普遍的。かならずインプットされている。

刑務所内の診察室でも、やはりこの点は同じ。①②③④まではマストで書かれている。

しかし④から先が、矯正施設ならでは。ちょっと特殊な項目がちらほら見られ始める。

この章では、そんな刑務所ならではのカルテ記載について話してみようと思う。


刑務所カルテの独特な記載内容、まず筆頭に挙がるのが、

〈文身〉

これ、読めるかな？

〈ぶんしん〉が正解。

ではどんな意味か、おわかりかしら？

これは別名刺青《いれずみ》、入れ墨、タトゥーのことを指す用語なのだ。

そう、刑務所のカルテには、なんと刺青の有無を記入する欄なるものが存在する。

文身（あり）（なし）とチェックするように印字されていて、その横には裸の人体のイラストがある。その肩や背中、腕など、どこに文様が入っているかを書き込めるようになっている。

もし刺青がない場合でも、わざわざ（なし）にチェックする。これではもはや文身はあるのが大前提じゃないかって？　その通り。要はそれだけ刺青率が高いということだ。当然ながら、こんな項目は一般社会のカルテにはいっさい存在しない。

〈指詰《ゆびづ》め〉。読んで字のごとく、手の指の有無の欄もある。

その筋の集団においてはけじめという名のもとに指を詰める習慣がある。これはノワール系映画によく描かれるシーンだ。

こんなのはフィクションの世界だけの出来事かと思いきや、実際に刑務所内の患者には指が1本や2本欠けている者が今でもうじゃうじゃいる。

いちばんないのが小指、次に薬指。親指を詰めることはほとんどない。ヒトの解剖学的構造上、親指が欠損すると手の働きがかなり制限されてしまうことから、なくても生活に支障のない指からやる。このことから、指詰めはその後の機能温存もある程度は考慮して行われている儀式だということがうかがえる。

しかしまぁ、彼らの体には刺青みたいな余計なものはあるのに、大事な指はない。このあたり、一般社会との倒錯ぶりったらない。

それでも最近ではそうした昭和的な行為は流行らないらしく、背中の刺青は華やかな和彫りの竜や牡丹から横文字のモノクロおしゃれタトゥーに置き換わり、指を詰める若者もずいぶんと少なくなった。

どこの世界でも時代は流れているんだなぁ、妙なところでそう感じるのであった。

ほかには、〈注射痕《ちゅうしゃこん》の有無〉や身体に残った〈傷痕《しょうこん》〉なんていう項目もある。

〈注射痕〉は言うまでもなく麻薬と覚醒剤の使用歴を意味する。一旦薬物注射を常用していた者は、たとえ断薬しようとも注射痕は消えない。何百回、何千回と繰り返し針を刺した皮下組織は硬く変形し、皮膚は黒ずんで血管も透けて見えないまでになる。

そう、身体は口よりも正直に過去を語るのだ。

〈傷痕〉は手術痕にはじまり刃物で刺された傷、火傷、銃創、自傷など、ありとあらゆるタイプが散見される。

中には耳たぶがちぎれてなくなっていたり、片眼の玉がくりぬかれていたり、どれも血なまぐさい犯罪の置き土産だ。

医者といえどもこれだけグロテスクな傷痕を目にする機会は、一般社会の外来ではまずないと言っていい。

そこが犯罪者たちの棲まう場所だと、改めて実感させられる。

それともうひとつ、触れずにはおけないものがある。もっとも刑務所のカルテらしさを感じさせる項目、それが〈玉入れ《たまい》〉というやつだろう。

運動会で紅組白組に分かれて玉を投げっこするソレではない。

聞いたことがあるかたもいるかもしれないけれど、被収容者たちは陰茎の皮膚を自分で切って小さな玉を入れる行為をやりがちだ。これを玉入れと呼ぶ。

性交渉の際に女性が喜ぶと思ってのことなのだが、女性サイドの本音を聞くと、

「とんでもない勘違い！　痛いだけ、やめてほしい！」

という声が圧倒的多数、残念ながら。

古くは真珠玉を入れることから始まったらしいけれど、刑務所内には真珠なんてないので、かわりに歯ブラシの柄を使う。

まずプラスチックの柄の端を糸みたいなもので何度も傷つけ小さいパーツに割る。それをコンクリートなどにこすりつけて丸く成形し、陰茎の皮膚を尖ったもので少し切っ

てそこから埋め込むのだ。

あぁ、考えるだけで痛そうだ。10個以上もゴロゴロと入れ込んだ輩もいるというから驚くやらあきれるやら。

たったひとつ入れるのでさえ気の遠くなるような作業だろうに、どれだけ集中してやり続けたことか。その根気を他のところに使うことができたなら、彼らの人生はもっと違うものになっていたに違いない。

この一連の行為は消毒もない不潔な環境下で行われるので、陰茎から菌が入り込み、ひどい炎症を起こして医務部に運び込まれる者もいる。

こうした玉入れ行為がバレると懲罰の対象になるから、股間は痛いわ罰は受けるわで踏んだり蹴ったりの結果を招く。

それでも、この玉入れをやりたがる者は後を絶たないから、なんとも不可解な世界だ。

それもこれも、考えてみれば塀の中の彼らの暮らしは暇すぎる。だからいけない。

月曜から金曜は、昼間こそ工場での作業があるものの、夕刻にそれを終えてしまえばやることがない。夜中に自由にテレビを点けられるわけでなし、YouTubeも見られない。家族と電話ができるわけでもない。とにかく娯楽が少ないので、この痛々しい行為も一種の退屈しのぎなのかもしれない。

　または満足感のない日々をやり過ごすために子供が自傷行為をするみたいに、結果的にこんな手段で精神の安定や快感を得ているのかもしれない。


　最後にあと一項目、刑務所のカルテにあって外の世界には絶対ないもの。その決定的な違いは……

〈罪状と刑期〉の欄である。

　私たち医者は、通常初診の患者さんを前にすると必ず過去の病気の有無をまず最初にチェックする。既往歴というやつだ。これでそのひとのこれまでのおおまかな健康状態を知ることができる。生活歴や嗜好、暮らしぶりまでも見当がつく。

　被収容者とてそれは同じなのだが、それと肩を並べるくらい、いやそれ以上に重要なのが罪状、何の罪を犯したか？　という事実。

　刑務所のカルテには名前の次にこれが書かれている。

　それは罪の種類が彼らの身体と精神に大きな影響を与えているからに他ならない。

　たとえば麻薬、向精神薬、覚醒剤、大麻、あへんといった麻薬五法に違反して入ってきた受刑者は、それ相応に身体への影響を想定して診ていかねばならない。中枢神経系の薬剤は使えば使うだけ神経細胞が壊れていくので、妄想や幻覚もとても多い。

また薬は脳だけでなく全身の血管をも傷めつけるために、脳梗塞や循環障害による症状、慢性のめまいや難治性の頭痛をもたらすこともある。

こういった諸症状が薬物乱用の後遺症であることを教えていくのも我々矯正医官の役割だ。

また、傷害や暴行を繰り返してきた人間ならば衝動の制御能力に問題があるかもしれない。だから診察時にも突発的にキレることがないように用心深く目を配る。危険のありそうな患者の診察には屈強な刑務官が幾人も立ち会う。いざという時にはすぐに取り押さえられるように臨戦態勢で取り囲む。おかげで私たち医官は診察に集中することができるのだ。

性犯罪者ならばなるべく女性スタッフが当たらないように配慮したりもする。

とある猟奇的な性的サディストの受刑者が診察を受けに来たときには、女性スタッフには診察室立入禁止令が出た。

以前、刑務官らの制止を振り切って女性職員に飛びかかり暴れ出した出来事があったために、今でもピリピリする。

その者の診察日は、薬剤師もドクターも、女性はみんなスタッフルームにこもり、声ひとつ出さずにただひたすら自分の仕事をこなした。とにかくヤツの目に触れぬように。女性の声、足音、匂い、異常者にとってはどんなに小さな刺激が起爆剤になるやもしれないのだ。

こう書くと本当に異様な世界に見えるだろう。たしかにそうだ。私は良くも悪くもこの環境に慣れてしまっているので平然と仕事をしていられるけれど、やはりここが多くの医者から敬遠される勤務先なのもうなずける。

*

懲役の長さ。

罪の種類と並んで、これもとても重要。

刑期が残りわずかになっている受刑者ならば、

「あとは外に出てから治すことにしよう。ちゃんと保険証のある生活をして、しっかりと診察を受けるんだよ」

と説明して送り出す。先ほども書いたように、刑務所内にある薬や機器は欲目にもじゅうぶんとは言えない。なんとかして出所後にシャバでの治療に繋げることが矯正医療の役割でもあるのだ。

だからこそ出所時には診療内容を書いた書類も渡すし、薬も数日ぶんを持たせる。

ここまでやったとて、このうちの何人がきちんと医療機関を受診してくれるのかはわからない。シャバへ出た翌日には再び自堕落な生活へと舞い戻ってしまうかもしれない。

それはそうなのだけれども、

（私たちの手を離れても元気で頑張ってほしい。できることならもう罪を犯さずに生きてほしい）

と願う気持ちに嘘はない。


仮にカルテの表紙に「懲役7年」と書かれていたとしよう。7年はそれなりに長い期間だと思う。

であれば、こちらも本腰を入れてじっくり治療していくことを考える。

外の世界ならば7年後までその患者さんが自分の外来に通い続けてくれる保証はまったくない。引っ越したり、治療をする気がなくなったり、ほかの先生のところへ行ってしまったり。悲しいかな、こんな具合に患者と医者の縁が切れてしまうことは少なくないのだ。

その点、刑務所内なら患者はどこへも行くことがない。刑期が7年と決まっていれば必ずその間はずっと患者と医者で居続けることができる。そのぶん、全責任を背負う腹づもりが要求されるのだけれど。

ただ、そんなふうに焦らずに治療の予定を立ててじっくりと経過を見届けられるのは、少なくとも私は性に合っている。

「無期懲役」

この四文字を見たならば、それはまた違った感覚で治療の組み立てを考えねばならない。

日本には終身刑はないから無期＝永久ではないにせよ、何年後か何十年後か？　いつになったらその者を外に出せるかはわからない。なので長期戦になる覚悟で臨まねばならない。

＊

所内で重症の病気が見つかった時は、近隣の一般病院への移送をお願いすることもあるのだけれど、受刑者を快く引き受けてくれる所は決して多くはない。他の一般の患者さんが嫌がるだろうし、そうたやすく頼むわけにはいかない。

決して潤沢ではない医療資源の中で、どれだけ健康に近い状態を作れるか？　医師の知恵が試される。

「どうしてそこまで罪人を面倒みなくちゃならないのか？　血税のムダじゃないか？」

という声が上がるのもわかる。

しかし何度も言うようだけれど、とにかく我々の仕事は被収容者が健康に働ける状況を作ることだ。懲役刑なのだから、中にいる間は元気で働いてもらわねばならない。

病気をこじらせて働けず、寝たきりで休ませておいたら、ただただ日々の生活費がかかるのだ。ならば工場作業に努めてもらったほうがよほどましだと考えることはできないだろうか？

繰り返しになるが、刑務所は罪人を懲らしめる場所ではない。懲役を務めあげさせるとともに、心身の健康を教育して更生への道を示すところだ。

少なくとも我々はそう考えて働いている。

長期刑の受刑者を目の前にすると感じるときがある。それだけの大罪を犯した人間だけれども、だからと言って全員が極悪人の見た目をしているわけではない。にこやかでおだやかな礼儀正しい老人もいる。従順でおとなしい、カタコトの日本語しか話せない外国人もいる。狼藉者とは程遠い。

ニュースを騒がせた極悪チームの青年を診察した時は、彼がとても小さくて華奢なことに驚いた。小さな掌、細い指、その手でどれだけの人を傷つけてきたというのか。

いったい彼らは、どんな理由があって犯罪に手を染めたのだろう？

どう見ても凶悪には見えないその者たちの胸に聴診器をあてながらカルテに目を落とす。ふと彼らの人生に思いをはせる。

外の世界での既往歴や治療歴が患者さんひとりひとりの過去の生活歴だとするならば、罪人のカルテもまた受刑者の人生の歴史、そのものが刻まれているのだ。

薬持ちはステイタス

矯正施設内での治療は、いろいろと物が少ないと前にもお話しした。内服も注射も、原則的にすべて施設内の備蓄で対応している。世間一般のように処方箋を持って薬局に、

「お薬、お願いしま〜す」

なんて自由に貰いに行くことはできっこない。

個々の施設によって常備している採用薬の種類には差があるけれども、どこにせよ世間に流通する薬の百分の一程度しかないのは、前にお話しした通り。

それだけ薬が少ないのには、いくつかわけがある。

まずひとつには薬の保管場所が狭いという物理的な問題だ。

大規模な刑務所は千人以上を収容している。考えてみれば、これは一般社会の大病院のベッド数よりもはるかに多い。それなのに薬倉庫は病院とは比べものにならないくら

いに狭い。例えるなら、まるで独り暮らしのサラリーマンのワンルームマンションくらいのスペースしかない。

この限られた空間の中で、古い薬は中止して必要なものを仕入れて上手にやり繰りする薬剤師スタッフの能力には頭が下がる。


ふたつめの理由は、未使用の在庫を抱えないため。

みなさんはあまり意識することがないと思うけれど、薬にはそれぞれ使用期限というものがある。期日を過ぎて余った薬は廃棄処分される運命なのだ。

そもそも薬は1個からでは買えない。錠剤なら何百錠という単位で問屋から購入する仕組みなので、余るときも半端ない数にのぼる。これがすべてゴミ箱行きになるのだ。

刑務所内での医療費はすべて税金でまかなわれているので、こうしたムダは徹底的に減らすのが我々の使命でもある。

毎年毎年、どの薬が本当に必要でどの薬が削除できるか？　医務のみんなで頭を抱えて考える。買う時も最も安い仕入れ値のものを購入する。ジェネリックなんて当然だ。

その結果、医師の本音を言えば、

「あぁ、あの薬あったら役に立つんだけどなぁ……」

と思うものもどんどん減らされていく。

治療者としては厳しい現実だが、しかたがない。なにせここは刑務所なんだから。

私は薬を処方する度に彼らに説いて聞かせる。

「いい？　外の世界に出ればもっといい薬がたくさんあるんだ。そのぶん選択肢が広がって治療もしやすくなる。だから早くここから出て、保険証のあるまっとうな暮らしをしたほうが得だよ。こんなところに居ればいるほど損をする人生になるんだよ」

こんな正論に納得するかどうかは個人の素養次第だけれど、こうした患者教育も自分の仕事だと思って努めている。


スペースや金銭面以外にも、薬をとりまく問題はまだある。それは、被収容者に薬をやみくもに持たせられないという点。

たとえば、みなさんの世界にはアレルギー性鼻炎でよく使う点鼻薬というのがあるでしょう？　ことに最近のやつはとてもよく効くから評判がいい。私もたまに使う。

じつは、あれが刑務所では使わせてもらえない（注：施設によって違いあり）。

わけを聞けば、プラスチック容器のキャップの中に何かを隠し持つ可能性があるからだという。

「そんなアホな」

とお思いになるかもしれないが、本当にそうなのだ。

受刑者というのは、とかく物を隠匿するのが好きな生き物だと書いた。

隠し持つと言ったって、しょせんたいしたものはない。せいぜい工場の作業で使う部品とかペーパークリップとかそんなもの。それでも使いようによっては凶器にもなり得るため、不要なものはなるべく持たせない。

先に、軍手の話をしたでしょ？　真冬にみんなが手の指を赤紫のしもやけだらけにしてもなお、なかなか軍手使用の許可が下りなかったのも同じ理由から。軍手の中に隠して工場から釘や鋲を持ち出さないとは限らないもの。

要は、彼らはそれだけ信用されていないのだ。そう、ここはそうみなされるだけの罪を犯した人間が棲まう世界なのだ。

かろうじて、喘息発作への吸入キットだけは医療上どうしても必要なケースにのみ認められている。これは喘息が急を要する発作性の疾患で、ともすると命にも係わる病ゆえに百歩譲って許されているのだ。
それが許容の限界ラインなのだ。

ないと言えば、みなさんがよく使う湿布＝鎮痛剤の外用薬、あれも採用されていない。中高年が増えてきた矯正施設では腰痛や神経痛持ちが数えきれないほどいるのだけれど、彼らに貼り薬が処方できないのは医師として痛い。取り立てて厄介な副作用がある薬でも高価なものでもないのに、なぜ採用されないのか？

もうおわかりだろう。そう、ああいった布状のものは危ないのだ。細く切ってつなぎ合わせれば紐になる。これでひとの首を絞めることもできるだろう。自分の首を吊ることもできる。

刑務所の中では外の世界と同じように、毎年自殺を図る者が数名いる。うつ病、妄想、理由はさまざまだ。そもそも罪を犯す以前から精神にトラブルを抱えていた被収容者がすごく多い。

自殺手段の圧倒的トップは縊死《いし》。首吊りだ。

一般社会と違ってガスや練炭などの道具もないし、飛び降りる高い場所もない。乗り物に飛び込もうにも車も電車も走っていない。車輪がついているものといえば、リヤカーくらい。

自殺の手段といえば首を吊るくらいしかないのである。

だから夏の濡れタオルと同じ理由で、首を絞める道具になりそうな貼り薬も禁止なのだった。

そんなわけで痛みに対しては塗り薬と内服薬で対処している。ドクターと担当官の許可が下りればコルセットとサポーターが使用できるケースもあるが、なかなか基準は厳しいのでおいそれとは通らない。

もし万が一、みなさんが服役するようなことになったら、入る前に痛いところは治療しておいたほうがいい。でないとなかなかキビしい日々を過ごすことになるから。

さて、薬の種類にかなりの制限があることはおわかりいただけたと思う。

それに加えて、現実には好きな時に好きなだけ薬をもらえるわけではないということもお話ししておくべきだろう。

被収容者たちは誰もが少なからずストレスを抱えながら生活しており、なんだかんだ体調の不安を訴えるものだ。それでもそのすべてに薬が使えるとは限らない。薬を使わずにただ休養だけで治るものは、そうして対処する。世間一般のように、

「ちょっと風邪っぽいから予防的に風邪薬多めにください」

なんてわけにはいかない。

また作業をサボりたいがために仮病を使うずるい輩もたくさんいるので、これらにもそうたやすく薬は渡さない。日々不調を訴えてくる中からウソとホントを見分けるのも刑務官とプリズン・ナースの裁量次第だ。

彼らの厳しい目をクリアした者に対して私たち医官が検査を行い、治療の可否を判断する。

こうやって幾重ものハードルを越えたものだけが治療を受けることになる。

なぜここまで慎重になるのか？

それは受刑者にとっては薬をもらうことが一種のステイタスになってしまうからである。

たとえばひとりが何かの薬を処方されると、

「へへん。俺、こんなのもらったんだぜぃ。いいだろ、うらやましいだろ」

などと自由時間に同室の仲間に子供じみた自慢をしたりする。いいオトナがじつにくだらんと思うのだが、娯楽も自由もない社会の人間はそんなことにすら特権意識を持つようになるものだ。

これを見たその他大勢は、まんまとそれに感化される。

「俺も俺も！」

と薬の要求が始まって、それはもうきりがない。

カンダタに続いて蜘蛛の糸に群がる男衆の姿を彷彿させる。


とりわけ人気が高いのが抗アレルギー薬の一種。鼻炎などに使う錠剤だが、副作用として眠気がある。みなさんも花粉症の薬でウトウトと眠くなったことがあるのでは？

一般社会なら「なるべく眠くならない薬をください」と言うのが普通だけれど、塀の中ではこれを幸いとして、睡眠薬がわりに欲しがる者が頻発する。

もとから薬物依存症のある被収容者などはこういった脳に作用する薬が大好物なので、隙をみては、

「鼻水がひどいんです」

などと懇願してくる。この手の嘘を慎重に見極めなくてはならない。

漢方薬顆粒も好まれる。甘草《かんぞう》などが入っていると甘みがあるので、それがちょっとしたスイーツがわりの愉しみとして代用される風潮がある。

たまたま服用したひとりが、

「これ、甘くてうまいな」

と言い出すと、

「え？　マジで？　俺もそれ欲しいな」

となる。すると具合が悪くもないのに、なんやかやと理由をつけて同じ薬を出してもらおうと列をなす。

中には自分の貰った漢方薬を飲まずに貯めこんで、希望者に売る輩まで現れる。売ると言ったって塀の中では現金は存在しないので、たまに出る食事のデザートなどと物々交換をしている。もちろんバレれば厳しい懲罰の対象になる。

それもこれも刑務所では自由にお菓子を買うことなどできないので、こんなことが起きてしまうのだけれど。

こうしたエピソード、どれも外の世界では考え難いくらいにセコいことばかり。やっぱり、ここは特別な場所なんだと改めて実感させられる。

自分の指を噛みちぎった男

刑務所や少年院で診察をしていると、とにかく傷痕のある身体の多さに驚く。

普通のひとはなるべく体に傷をつけないように注意して生活するものだし、万が一傷を負ってもできるだけ痕が残らないための治療を受ける。それがあたりまえだと思っていた。

でも、そんな常識は塀の中では全く通用しなかった。指がない男たちの話は先にしたけれども、そんなのはまだまだ序の口だったのだ。

たとえば昔の抗争で片方の眼球を失った者。義眼も入れることなく、不自然にへこんだ瞼のままで平然と服役している。本人はその状態に慣れっこのようだが、ばったりと町で出会ったなら、ぎょっとしてつい声を上げてしまうくらいの不気味な風貌だ。

耳のない者もいた。耳なし芳一のように、切り落とされた古い傷が皮膚を醜くひきつれさせたまま治癒していた。

眼にしても耳にしても、この手の外傷は得てして治りかたがひどく汚い。傷は汚い場所でついたものほど化膿するし、清潔で適切な治療を早く受けなければ、それだけ感染が進んで治りにくくなる。

彼らの汚い傷痕が、正規の医療機関で治療されていないことは、プロが見れば一目瞭然。はなから法に触れるシチュエーションで負った傷なので、まっとうな診療が受けられる筋もない。

こんなふうに、傷痕は身体に残された生き方の記録だ。過去の凶悪な過ちは償っても清算できないことがあるのと同じで、過去の汚れた傷もまた消し去ることはできないのだ。

ある若い女性受刑者の話をしよう。

喘息のような息苦しさがあると言うのでシャツをまくって背中の聴診をした。

彼女は背中に何本もの切り傷の痕があった。脂肪のない細い背中を横切る線は、ざっと見て10本ではきかない。かなりの数だ。傷の形状からしてよく切れる刃物でつけたものだ。リストカットに酷似している。

でも待てよ、少し変だ。背中の真ん中ゆえに自分で手の届く場所じゃない。

「これ、なに？　どうした？」

聴診を終え、シャツをおろしてやりながら尋ねてみた。そうしたら隠すわけでもなくわりとすんなり答えてくれた。

「あ、これは……母親にやられました」

虐待によるものだった。包丁による傷だという。

ただ、傷痕の様子からすると、乱暴に深く切りつけたものではない。鋭利な刃物をいたずらに皮膚に這わせたような傷のつきかただ。

「そうか。でもこれ、本気で殺そうってわけじゃないね」

私の言葉に彼女は薄く笑ってうなずいた。

「そう、だと思います」

母親の感情のままにもてあそばれた人生だったのだろう。それをあきらめながら受け入れてきた長い年月を彼女のカラダが物語っていた。

その育ちかたと犯罪者になったこと、双方にまったく関連性がないと誰が言えるだろう。

人間は生まれながらに罪人なわけではない。いつからかさまざまな外力で捻じ曲げられて罪人になっていくのだ。

このように、シャバで医者をやっているだけだったらまず見ることのないような傷がどれだけあることか。

刑務所はそれだけ異常性を孕《はら》む社会なのだ。

傷は喧嘩や抗争、虐待で作られるだけではない。実際には自傷によるものの数がすごく多い。

ことに女子被収容者のリストカットの率はとても高い。手首から腕にかけて、袖口をまくると傷痕が現れる。

常習リストカットは真っすぐな細い線がきれいに横に並んでいるのが典型的。その傷はたいてい浅い。どれも数日間で塞がってしまう程度のもの。つまり、さほど力を入れて切りつけていないことがわかる。

リストカットの場合、たいていは動脈を断ち切って死んでやろうという強い意図はない。ただ皮膚を刃物で傷つけること自体が目的となっている。

痛みに伴って脳から分泌される脳内鎮静物質にほんの一時酔いしれる意味が大きい。だからクセになりがちで、一旦この沼に堕ちるとなかなか這い出て来られなくなる。

前に男子刑務所では刺青率がどれほど高いかの話を書いたが、女子にもそれは当てはまる。

いつだったか出逢った、20歳そこそこの女性被収容者は背中一面に派手な和彫りが入っていた。やわらかなお尻の部分まで彫り込まれた鮮やかな色は、まだあどけなさの残る細く白い身体にふさわしくなかった。

それは、かつて同棲して一緒に覚醒剤をやっていた男に誘われて入れたものだった。いくら好いた男のすすめとはいえ、あの若さでそんな取り返しのつかない傷をつけることもなかろうに。拒否することを知らなかったのか、それとも自分自身もそれを望んだのか？

どんな理由だったとしても、やはりこれも自分を大事にできない、ひとつの自傷行為ととらえるべきなのだろう。

若い男子には手の甲のタバコによる火傷、俗に言う〈根性焼《こんじょうや》き〉が目立つ。千度近くもある火種を押しつけるからにはそうとうな痛みを伴うはずだけれど、一部の少年たちの間では肝試しみたいな感覚で行われている。リンチの手段としても使われる。

それと並んでよくあるのが、小さな三つの点状の刺青。手の親指と人差し指の間に小さな点が正三角形に並んでいるのを見かけたことはないだろうか？

これは〈三点星〉と呼ばれる。少年院内で知り合った子たちの義兄弟の契りが起源。本格的な彫り師に依頼できない若者から広まったワルの習わしだ。

似たようなものに〈年少リング〉もある。左手薬指に指輪をまねたラインを入れるのだ。これは少年院に入った証とされ、もともとは更生を誓う意味があったらしい。後に大人になって結婚した時には結婚指輪でこのラインが隠れる仕組みになっている。

少年院は前科にならないのだから、わざわざそんな証拠を身体に焼き付ける必要はまったくない。成人したら過去など素知らぬ顔で平然と生きていけばいいものを、子供独特の反逆心がこうした自傷を起こさせる。

男女を問わずこれらの自傷は年齢の低いうちに始まることが多い。

それはつまり、思春期からすでに精神面に問題を持っていると言い換えることができる。

これには成育環境が大きく関係する。家族関係が良好にない子供は愛着障害や自己肯定感の低さを抱きやすい。そしてこれらは彼らを自傷へと駆り立てる。

犯罪と精神の関係は根深い。健全な心身を持つ人間は概して馬鹿げた罪を犯さないものだ。


私も矯正医療の世界に足を踏み入れて数年が経とうとしている。だから少しは刑務所の診療に慣れてきたと思っている。

それでもいまだに理解を超えるレベルの傷を持つ受刑者に出くわすことがある。

とある殺人罪の被収容者は、自室で手の指を嚙み砕いた。骨が見えるくらいまで深く嚙んだ。

血だらけになって刑務官に発見され、すぐさま応急処置で外科のドクターが縫合した。だけれど、その晩にまた嚙んで、こんどは完全に断裂するまで嚙みちぎってしまった。

もちろんこんなことをしでかした理由など常人にはわかるはずもない。妥当な説明がつかない。はっきりしているのは、彼が相当な精神の異常を来しており、裁判でも精神鑑定が行われたということくらいだ。

とうてい理解できないレベルの身体の傷がこの世には存在する。

その傷の深さは、ある意味で彼らの精神状態を反映している。


毎日のようにニュースでは異常性を伴った事件が伝えられている。

アナウンサーの読み上げる、

「容疑者は精神科通院歴がありました。刑事責任能力の有無を調べるため、精神鑑定が行われる見込みです」

の原稿。

もちろん精神科通院歴があろうとなかろうと、そんなこと、ほとんどのケースでは犯罪に関係ない。病人と犯罪者をいっしょくたにしてはいけない。

また、精神鑑定の結果、多少の異常を認めたところで、それがすなわち無罪に直結するわけでもない。

事実、異常があれども「責任能力あり」と判断されるケースだってたくさんある。病気だからなんでも無罪放免になると思ったら大間違いだ。

私は医者としてそういうニュースを耳にするたびに、きまって虚無感に襲われる。被害者も関係者も、本当は法的に無罪有罪の結果だけを問いたいわけじゃないのだろう。それよりも、どうして事件を防げなかったのか？　そのことのほうが何倍も大切なことだ。

犯人らの精神の異常をもっと早く正確に判断する手段はなかったのか？　止められなかったのか？

この問題を考える時、医師の立場からすれば少しでも治療に繋げていれば起こらなかった犯罪はいくつもあると感じる。

たとえ現代の医療では異常性を完璧に治癒させることはできなくても、取り返しのつかない犯罪者になる前に止めることくらいはできるのではなかろうか。

事件が起きてからでは遅い。未然に医療が介入できる仕組みが必要だ。諸外国では薬物乱用や病的窃盗、性犯罪などには再犯防止のための治療を受ける義務を課しているところもある。

だが日本はまだまだそこまで及ばない。異常性の治療は本人の意思にまかされている。

一日も早く、この国も変わらなければいけない。

罪を犯す異常性を抱えた人間、もしも彼らを止めることができるとしたら、それは法でも罰でも力ずくで押さえ込むことでもない。医療の力しかないと思うから。

刑務所ごはんでナチュラルダイエット

刑務所のごはん。そう聞くとさぞや粗末でまずそうだなぁ、とご想像になるに違いない。なにせ昔からくさいメシなんて言葉があるくらいだから。

しかし、これがそうまずくない。というか、いやなに結構イケる。くさくもないし。食事どきになると炊場《すいじょう》からはいいにおいの湯気が立ちのぼる。

では、そんな刑務所の食事事情についてお話ししよう。

矯正医官の仕事のひとつに〈検食〉という業務がある。被収容者の食事と同じものを食べて中身をチェックすることだ。

ほら、よく時代劇などでお殿様が召し上がる御膳を家臣がお毒見するシーンがあるでしょ？　立場こそ違えど、あんな感じだと思ってもらえばいい。

「先生、検食お願いしまーす」

係の刑務官が出前かごのような入れ物で運んできてくれる食事を、手の空いている医官がワンスプーンずつ味見する。他の業務の合間にササッと済ませるものなので、基本は立ったままでひと口食べるのみ。残念ながらゆっくり堪能している暇はない。たいていは問題がないので、書類にOKの印を押す。

施設にもよるけれど、食事は学校給食にあるようなプレートに盛られている。主食と副食が2種類程度、それに汁椀がつくことも。ヨーグルトや缶詰のフルーツなどのデザートが添えられる日もある。量は充分に多い。

主食は基本的に麦飯、どこの刑務所も伝統的に麦と決まっている。

この麦のにおいが、かねてからくさいメシと称されてきた所以だけれど、麦独特の風味を指すだけであって本当にくさいわけじゃない。

白米よりも値段が安いのが一番のメリット、くわえて食物繊維が豊富で便秘予防になる。刑務所暮らしでは環境の変化から便通異常を訴える者が多いので、そういう面からも麦が適しているのだ。

おまけに白米よりも血糖値の上昇も抑えられるので、なかなかの優れた健康食材だ。

そのせいで最近ではナチュラル志向のカフェにも麦飯メニューをよく見かける。意識高い系女子が幸せそうに受刑者と同じものを頬ばっているのは、なんとなく不思議な光景という気もするが、まあよしとしよう。

主食のカロリーと副食のバランスは決められている。おかずの脂質量、たんぱく質量、そのうち動物性たんぱく質の占める割合から塩分量、ビタミンA、B、Cまで、しっかりと基準が設けられている。これに基づいて管理栄養士スタッフが献立を考える。

代表的な献立の例をあげてみよう。

〈朝食〉
麦飯
味噌汁（ほうれん草、しいたけ）
はりはり漬け
サバの味噌煮

〈昼食〉

コッペパン
エビとブロッコリーの炒め物
大根サラダ
ぜんざい

〈夕食〉
麦飯
鶏肉の甘酢煮
卯の花
五目スープ

ざっとこんなラインナップ。どうだろう？　結構バラエティに富んでいると思うのだけれど。

もちろんコッペパンにぜんざいとか、

「おいおい、ちょっと糖質が多すぎるんじゃないの？」

と突っ込みたくなる部分はあるし、生野菜が少ないから彩りが単調でいつも茶色っぽいなど、いささか気になる点はある。

でもそれも材料費との兼ね合いでしかたないことなのだ。なんと言ったって国民のみなさんの大切な税金でまかなわれているわけだから、贅沢をのたまっちゃいかん。

これらの献立を実際に作るのはなんと被収容者、当人たちである（注：一部の施設では外部の配食会社に委託しているところもある）。

刑務所が懲役刑を務める場所だということは先にお話ししたとおり。所内に木工、印刷、洋裁、金属などいくつかの工場があり、各自配属が決められている。このひとつに炊場があり、そこで働く者たちが日々の食事を料理するのだ。

炊場は朝早くからもくもくと湯気があがる。調理服に帽子、長靴をはいた男たちが押すワゴンのガラガラいう音で賑やかだ。

かつて小学校時代、給食当番の日に押したワゴンと同じ、あれだ。

毎回異なるメニューを作るという作業のバリエーションがあるせいか、他の単調作業の工場と比べて少しばかり活気を感じる仕事場でもある。

コンロの火や刃物といった危険な道具を用いるため、日ごろの行いの良い受刑者が配置されることが多い。そういう面からもやりがいのある業務なのかもしれない。

しかし一度に千人からの調理をするので、とにかく鍋が大きい。人ひとりがすっぽり入れるくらいのサイズ感。

あまりの巨大さにカレーやシチューのルーなどはなかなかうまく溶かすのが難しいから味に偏りが出やすい。すると、

「おい、オレのシチューやけに薄味だぞ」

「こっちはルーが固まりで入ってて、どろどろじゃないか！」

なんてことになる。被収容者にとっては食事が何よりの楽しみなので、こんなささいなことからもめ事が起きないとも限らない。

そんなトラブルを避けるべく、調理担当の受刑者はダマにならないように一生懸命にかき混ぜる。鍋に負けないくらいの大きなへらで混ぜる、混ぜる。立派な肉体労働だ。

だがこれがまた困りもの。かき回せばかき回すほど、野菜は崩れて形がなくなってしまうのだ。ブロッコリーなどは原形を留めることなく、ただのグリーンのシチューと化していることもままある。検食の際も、

「え、これいったいなに？」

聞かないと具がわからないことがある。

まぁ、これもひとつの刑務所あるあるだ。

塩分量は一日６グラムが目安。外の世界よりもはるかに薄味だけれども、これくらいが健康的。ことに高血圧にはもってこいの分量。そもそも収容以前から血圧が高めの者が多いのだけれど、この食事のおかげでみんなメキメキと値が下がる。

「シャバでは３種類も降圧剤を飲んでいたのが、今じゃ薬ゼロですっかり正常血圧ですよ。ありがとうございます」

なんて喜ぶ者もいるほど。

高血圧の他には糖尿病の受刑者も多いのだが、これもまた刑期中にずいぶんよくなる。多くの施設では糖尿病患者用の特別なメニューを組むのは難しい。できることと言ったら、単純に主食を減らしたり甘いデザートを砂糖不使用のものに差し替えたりするくらいのものだ。それでもみるみる数値が好転していく。

これは彼らが入所前にどれだけ不摂生をしていたかという話だ。

それが塀の中に入った途端に生活は一変。

規則的な食事時間、とりわけ夕飯は早い。夜中に夜食は食べない。アルコールは飲めない。タバコは吸えないし、むろん覚醒剤もやれない。体に悪いことは何ひとつできないのだから、それは人類のお手本のようなヘルシーライフだ。

これだけのことを守るだけで、人間はここまで健康になれるのかと目を見張るほどである。

血液データはぐんぐんと改善、血圧も良好となり顔色もすーっと美しく透き通る。くすみは消え、脂ぎった吹き出物も引っ込む。受刑者たちは案外と色白美肌だ。

そうそう、オヤジっぽいヘンな体臭もない。そもそも加齢臭やオヤジ臭は皮脂が酸化して発生するニオイだから、余分な脂肪がすっかり落ちた男からはしないのだ。

彼らは毎日入浴できるわけではない。夏は週3回、冬は週2回程度だけれど、不思議と悪いニオイはしない。

刑務官と冗談で、

「獄中美容ダイエットっていう刑務所のレシピ本を出したらすごく売れるんじゃないですかね？」

と話しているくらいだ。

つまるところ、私は塀の中で患者を診たことで、

「なるほど、生活習慣病ってのは本当に生活習慣で変えられるものなんだな」

と改めていたく実感させられたわけである。

そう、塀の外の患者さんだってまったく同じだ。みんな食事療法を正しくやれば必ず効果がある。なのに単にやっていない、できていないだけなのである。

刑務所の食事はハラルその他の宗教食にも対応している。

今や犯罪もグローバル、外国人の被収容者も数多い。豚肉禁、牛肉禁の者には大豆ミートで代用される。ラマダン（断食月）にも秩序に問題のない範囲で配慮がなされる。

重度の食物アレルギーの場合は除去食も作ってもらえる。ただしたったひとりのために特別なメニューを作るのはとても手間のかかる作業なので、それにはちゃんとした医学的証明が必要。つまり私たち医官がアレルギーの検査を行って、陽性と判断された場合に適応される。

とくに私がよくやるのはプリックテストという検査。アレルゲンと疑われる食品を生

理食塩水に浸したエキスを作っておき、これを腕の皮膚にほんのちょっぴり注射針で刺す。ちょっと手筈が面倒なので一般のクリニックでやってくれるところは少ないと思うが、検査会社に外注する必要もなく、所内で30分で結果がわかる。おまけにほとんどお金がかからないので、塀の中ではやりやすい検査である。

これまでナス、ブドウ、モモなどいろいろ調べた。

「おぉー、陽性に出たねー」

「そうっすねぇ、すごいっすねぇ」

なんて、患者としゃべりながら一緒になって赤く腫れた腕を確認していると、つい相手が重罪犯だということを忘れそうになる。

ハレの日にはお祝いメニューも出る。祝日にはお菓子が出たり、お正月にはおせち料理的なものやお餅も用意される。

食事くらいしか楽しみがないので、これはすごく彼らの気持ちを和ませる。

ただし糖尿病で治療中だと〈甘禁《あまきん》〉と言ってせっかくのお菓子が禁止される。代替え品の砂糖ゼロゼリーみたいなものになってしまうから、これがイヤで糖尿病を良くしようと頑張る患者もたくさんいる。

糖尿病や高血圧、脂肪肝といった生活習慣病が改善して胃腸の調子も整えば、おのずと精神面も良いほうに向かう。彼らの更生の一歩は規則的な暮らしと食事から始まるのだ。

人間は食から変わる。

刑務所で暮らせば実体験を以てそれを自覚できるだろう。今後生きていくうえで、とても大事なことだ。

早寝早起き、運動、仕事、そして食。そんなあたりまえのことを毎日繰り返す意義を教えるのも矯正医療の役割だ。

残念ながら、多くの者が出所後にはすぐに忘れてしまうんだろうけれども……。

第4章　懲役のベテランたち

人懐っこい「いい子ちゃん」

刑務所のカルテの表紙には、

〈罪状と刑期〉

のほかにもうひとつ、

〈累犯《るいはん》○回〉と書かれている欄がある。

これまでに何回収監されたか、を表す数字だ。

読者のみなさんの一般常識にのっとれば、

「刑務所なんてひどいところ、一度入ったらもう二度とゴメンに決まってるよ」

と思われるはずだけれど、実際の受刑者たちにその物差しは通用しない。累犯7回とか8回はざら、10回以上なんてとんでもない者もいる始末。

今は亡き作家、安部譲二氏のベストセラーで映画化もされた『塀の中の懲りない面々』にも描かれていたように、人生の大半を刑務所で過ごす者だっているのだ。

そういうベテランは、たいていは組員か覚醒剤関連。どうしてこれらの人種が繰り返し入所するのかについては後の章で追い追い触れようと思う。

ここではまず刑務所に慣れ切ったベテラン受刑者たちの特徴について少し話をしてみる。

特徴その①　人懐っこい

ムショ慣れしている彼らは、ほぼ例外なく人懐っこい。

刑務官にもプリズン・ナースにも、私たち医官に対してもほんの少しニコッと笑いながら気をつけの姿勢でハキハキと挨拶をしてくる。

なんというか、元気で爽やかなのだ。

〝爽やか〟なんて刑務所にはとうてい似つかわしくない響きだけれども、この表現が一番ぴったりくる。

それは好印象を与えるために自然と身についた表現方法なのだろう。

たとえば笑い顔のつくり方。あまり大げさな笑い顔をすると怒られてしまうので、刑務官の気に障らない程度に巧みにさりげない程度のスマイルを作る。

人間の脳にはミラーニューロンという神経細胞があって、笑顔を見ると誰しもつられてちょっぴり楽しくなる。少なくとも悪い気はしないもの。その結果、目つきの悪い顔で凄んでくる奴よりは優しく接してあげようかと思ってしまうのが普通の反応だ。

もちろん彼らはミラーニューロンの理論なんて知識はこれっぽっちも持ち合わせていないわけだけれど、経験的にそうやって相手の心にするっと入り込む術を身につけたのだろう。中には天性の詐欺師などもいるので、こうしたカンはヘンにいい。

診察中も、

「ありがとうございます。お世話かけます」

なんて殊勝なセリフをちょいちょい入れてくる。それがあざといテクニックとはわかっていても、反抗的な態度を取られるよりはやりやすい。

そうやって上手に自分の希望する医療を受けられるように事を運ぶ。

たとえば体調不良を理由に休養扱いをゲットしたりする。

受刑者とて、なんとなくダルくて工場作業をサボりたいときもある。けれど、ふつうはそう簡単に休ませてはもらえない。基本は全員、月曜から金曜まで皆勤賞である。

でもそこで、医師の診断のうえに休養が望ましいと判断されれば休むことができる。

休養許可となれば病舎と呼ばれる部屋で寝ていても怒られないのだ。この特権欲しさに仮病を使う者も少なくはない。

またいかに欲しい薬を手に入れるかも彼らには重大な問題だ。

一般社会ならばどんな薬でもたいていは薬局に行けば買える。でも塀の中ではそう簡単ではない。すべては医師の指示が必要。それもなんでもかんでも思い通りに薬が処方してもらえるわけではない。

とくに鎮痛剤や睡眠導入剤など中枢神経に作用するタイプの習慣性の強いものは、

「くださいな」

「はいはい、そうですか」

とはいかない。そもそもが覚醒剤やコカインなどの薬物乱用で収監された人間がたくさんいるところ。この種の薬が大好物なのである。あの手この手でこうした薬をゲットしようと企てる。

時には痛がり、時にはいい子ぶり、時にはおべっかを使ったり甘えたり。それはなかなかの策士の集まりなのである。

だからこそ、迎え撃つ我々医務スタッフも彼らのペースに乗せられないように淡々と医療を行うスキルが必要とされる。

なんといったってここは矯正の現場、正しく医療行為を行うのはもちろん、無駄な医療費は1円だって使ってはいけないのだから。

特徴その② いい子ちゃんぶる

人懐っこくて巧みにおべっかを使うのに加えて、ベテラン被収容者は何かにつけ聞き分けが良い。

返事も「はい」か「いいえ」と簡潔で、ぐだぐだごねたりはしない。本音はどうだか知らないが、無駄に自己主張するのは損だとわきまえているから、とりあえずはいい子ちゃん的態度を取るのだ。

いい子ちゃんでいることによる恩恵は、診察室の中だけにとどまらない。

じつは刑務所というところは、態度が良いと評価が上がり、良い仕事につける。

良い仕事というのは、たとえばエリート工場のことだ。

所内にはたくさんの種類の工場があるのだけれど、内訳は割りばしを揃えて束ねるだけのごく簡単な作業から精密機器を扱うような熟練を要するものまでレベルはまちまちだ。高度な仕事につけるのはある程度の能力を見込まれた証と言える。

中にはかなり重要な印刷物を扱う工場もあって、ここは情報管理の点から厳密にセレクションされた者だけが務めることができる。仕事内容によって報奨金の額も違ってくるし、こんなヒエラルキーが彼らの自尊心をくすぐるのだ。

そして、日本国じゅうどこの刑務所にも看板となるような工場がある。たとえば富山の神輿、盛岡の南部鉄器、横浜の製麺工場などがそれ。

ツウの間で人気のイベントに、毎年行われる全国矯正展というものがあるのだけれど、そこに出展されるような製品を作っている工場がエリートである。

つまり、こうした工場に配置されるのは、刑務においてのある種の花形《はながた》なのだ。

〈制限区分１～４種〉と呼ばれる昇進みたいなものもある。

これは２００６年の法律改正から取り入れられた制度で、受刑成績などにより生活や行動の制限を緩める仕組み。数字が小さくなるごとに自由度が上がる。

【４種】基本的には居室から出てはいけない、移動は刑務官同行、面会、電話は不可。

【3種】移動は刑務官立ち会いのもとOK、電話は不可。

【2種】居室に鍵をかけなくてよい、移動は刑務官同行だが面会は立ち会いなし、外部に電話ができる。仮釈放準備中の者など。

【1種】居室に鍵をかけなくてよい、同行なしで移動可能、面会も立ち会いなし、外部に電話可、外出可。これは2種よりも優良な者。


1種と4種では暮らしぶりが雲泥の差なので、まともな人間ならばできる限り1種に近づきたいと願う。昇進時期は不定期未定なため、受刑者は日常的に清く正しい態度を継続している必要があるのだ。


もうひとつ、〈優遇措置〉というものも刑務所暮らしでは大切だ。

手紙を出せる通数、嗜好品の購入、テレビの視聴などが5段階に区分されている。

【5類】テレビは平日18〜21時、休日8〜10時、18〜21時　手紙3通／月　面会2回／月

【4類】テレビは5類と同じ　手紙5通／月　面会2回／月
【3類】テレビは5類と同じ　手紙5通／月　面会3回／月　菓子購入1回／月　サンダル、写真スタンドなど購入できる
【2類】テレビ自由視聴　手紙7通／月　面会5回／月　菓子購入2回／月　サンダル、写真スタンドなど購入できる
【1類】テレビ自由視聴　手紙10通／月　面会7回／月　菓子購入2回／月　サンダル、写真スタンドなど購入できる

ここでは何をさておき、お菓子の購入が魅力的である。通称〝甘モノ〟と呼ばれるチョコクッキーやバタービスケットなどが大人気。

刑務所では原則的に給食以外のものは食べられない。飲食物の差し入れ、購入は本来は不可。ただこれが態度良好な被収容者には優遇措置が与えられる。

酒もタバコも炭酸飲料もないヘルシー過ぎる食生活をしていると、大半の被収容者は甘いもの好きになっていく。

だから大の男がチョコクッキーひと箱のために一生懸命だ。この特権を得るためなら

嫌な担当者にもいい子ちゃんぶることはやぶさかでない。

〈衛生係〉、〈班長〉なんていう役付きもある。態度良好な者に与えられる。彼らは作業着に腕章をつけているから遠目にもすぐにわかる。

こうした役をもらうと、被収容者なりにも誇らしげな表情に変わっていくのがそばにいるとわかる。

学級委員に選ばれた小学生が自慢げに胸を張って歩くのに似ている。

いいおとながお菓子や腕章欲しさに何をやってるんだ？　と滑稽に映るかもしれないけれど、幼少期に誇らしく思える体験をしてこなかった者にとってこういうことは馬鹿にならない成功体験なのだ。

それにこうしたいい子的な態度が日常的に体に染み込めば、それはそれで悪いことはない気もする。たとえどんな動機であったにせよ、結果的にその後の人生にも好影響をもたらす。

出所してからの暮らしを考えたなら、まともに挨拶できないよりはできたほうがいいし、お礼は言えないよりはちゃんと頭を下げて言えたほうがいいのだから。

そんなふつうの社会生活のひとつひとつを教育していくのも矯正現場の大きな役割だ。

私はそう思っている。

「ありがとうございました！　○番、帰りますっ」

深々とお辞儀をして帰って行く後ろ姿に、

「はい、お大事にね」

私がかける声は、外の世界での外来と何ひとつ違いはない。

累犯ワースト1は薬物依存者

〈累犯〉、何度も重ねて収監されること。

間違っても過ごしやすいとは言えない刑務所生活、なのになぜか繰り返しやってきてしまう者たちがいる。

「あ、先生。このひとココでは有名な常連さんです」

そうナースマンから耳打ちされてカルテに目を落とすと、表紙には累犯6回とか7回とか、べらぼうに大きな数字が書かれている。

こうしたお馴染みさんはたいていが覚醒剤、麻薬取締法違反だ。

そんな彼らの出所が近くなる時期の診察では、担当ナースマンが、

「いいか、もうさすがにいい加減にしろよ。本当に戻ってくるなよ」

と叱咤激励している。まるでドラマのシーンさながらだ。当の本人は、

「えへへへ、もうやりませんよ。こりごりですわ」

なんて頭を掻きながら人懐っこく笑うのだけど、そのさまは言葉とは裏腹に心底懲りているようには見えないのが困りものだ。

しかしまぁ、なぜこんなにも同じ罪を繰り返すのか？　ひとはそこまで学べないものなのか？

そんな疑問が頭をもたげる。

みなさんも有名人の薬物逮捕のニュースを見るたびに、

「あぁ、なんで？　また？」

と思われていることだろう。

その答えは、この罪の特性にある。

薬物という魔物は依存性があるから。それに尽きる。

〝依存性〟。この現象に対する社会の認識にはかなりの誤りがある。まずはこのあたりから話を始めたほうがよさそうだ。

「覚醒剤って一度やったらもう終わりなんでしょう？　絶対やめられないくらいスゴイんでしょう？」

というひとがいるけれど、この考え方は基本的には間違っている。

たった1回でクセになり、それですべてがジ・エンド。もしもこの仮説が正しいとするならば、腰痛手術後に麻薬性の鎮痛剤を使ったおばあちゃんはみんな、退院する頃にはズブズブのヤク中になってしまうだろう。

もちろん実際にはそんなバカなことは起きない。痛みが治まれば薬なんかいらなくなって、元気に歩いて退院していくのが普通だ。

だから誰もがたった一度の過ちで地獄に堕ちていくわけではない。

たまたまハマりやすいひととそうでないひと、人間には明らかにその2種類が存在するのである。

そしてその区別は容易ではない。医師や臨床心理士の目から見ても明確に判断できるものではなく、ましてや自分がどちらに属するのかは本人にはまったくわからないものなのである。

だからこそ、誰もが自分が薬物にハマる人生になるとは思ってもみない。

それが最大の落とし穴なのである。

「薬物には脳に快楽をもたらす作用があって、それが忘れられないから、何度も手を出してしまうんでしょう?」

こうした意見もよく聞かれる。

たしかに中枢神経に働く薬には快感をもたらすものがある。しかし、その刺激欲しさのためだけに乱用を繰り返すかというと、これも半分は正解だが半分は不正解。

楽園のネズミの話をしよう。

檻の中に１匹のネズミを入れる。普通の飲み水とコカインの入った水の二つの容器を並べて置く。すると自然にネズミはコカインの味の快さを覚えて、だんだんそちらしか飲まなくなる。依存が出来上がったわけだ。

この結果だけを見て、

「ほら見たことか、やっぱりコカインにはそれだけの快感があるから誰もが依存症になってしまうんだ」

と判断するのは早合点というもの。

次なる実験として、今度は二つの檻を用意する。

片方にはさっきと同じ１匹のネズミと水、コカイン水を入れておく。

そしてもう一方の檻の中にも水とコカイン水の両方を用意する。ただ違うのは、ネズミは1匹ではなくて何匹かを一緒に入れる点。オスもメスも同居してもらう。そしてネズミの好む回転するおもちゃやおやつ、楽しそうな環境をいろいろと揃える。

そうやってしばらく様子を観察すると、1匹単独のネズミは前回同様にコカイン水に浸るようになるのだけれど、驚くことに多頭暮らしのほうはそうはならないのだ。

最初のうちこそコカイン水に興味を持つネズミもいるのだけれど、不思議なことにそのうちそれには目もくれなくなる。そんなことよりも楽しいおもちゃで遊んだり、おやつを食べたりして過ごすようになる。そして何よりも異性とハーレム状態で毎日毎晩ランデブーを繰り広げることに満足感を覚えるようになる。

そう、そうしたハッピーな環境さえあればコカインなんかまったく価値を持たないということだ。

これは人間社会にもあてはまる。

つまりさきほど、ハマりやすいひととそうでないひとがいると書いたけれど、この違いは人生において他にハッピーと感じられることがあるかどうかにある、とも言い換えることができる。

家族がいて、仲の良いパートナーがいて、好きな仕事や楽しい時間があって充実しているひとには薬物による快感は意味を持たない。

心の何かが満たされないひとこそが依存対象から抜け出せなくなるのだ。

つまりは、誰もが何気なく暮らしているこの環境だけれども、その中ではどうしても幸せや楽しさを見いだせないタイプのひとがいるということ。

誰かと心を交わすのがすごく苦手なひとがいる。そういう人たちにとっては、現実社会はとても生きにくい。そのせいで孤立する。

そう、この〝孤立〟こそが依存症のベースにあるということだ。


少し大事な話を聞いていただけるだろうか。

じつは私の実の母は薬物依存患者だった。薬物とは言っても違法のものではない。医療の現場で使われる麻薬に似た注射だ。

鎮痛効果とそれに伴う多幸感、万能感は違法薬物よりはるかに勝る部分もあるので、ある意味では合法なだけにタチが悪い。なにせ逮捕されないので、どんなに使っても罪の意識が生まれにくいのだ。

中身は麻薬以上に精度よく中枢神経に働く物質だから、母が依存症になるのに時間はかからなかった。そもそもは幼少期の腹膜炎の後遺症の痛みに対して使い始めたものだった。でも、気づいたときには、母の脳の細胞は壊れ、感情のコントロールが効かずに理由なく激怒し、人格も変化を来していた。

たくさんの嘘をつき、妄想にとらわれ、私を罵倒して父に手を上げた。

この戦争のような日々の出来事は拙著『母を捨てるということ』にすべて曝け出しているので、関心のあるかたは是非ご一読いただけると嬉しい。

両親ともに亡くなった今、冷静に振り返れば、母も若いころからの性格の特徴で、社会との付き合い方が下手くそだったのだと思う。

学校のママ友同士でも表向きはうまくやっているように見えて、じつのところは誰とも仲良くはできなかった。何が原因かは不明だけれど、彼女を誹謗中傷するような怪文書がＰＴＡの中でばらまかれたこともあった。どこか浮いた存在だったのだろう。

変なプライドもあり、近所づきあいなどはできなかった。

若いころの田舎の同級生の話も一度も聞いたことがない。ほとんど友達と呼べるひとはいなかったはずだ。

父との結婚も当時では珍しい略奪婚だったので、後ろめたい思いが親類縁者をも遠ざけた。

彼女は孤独だったと思う。

だからこそ私に異常に執着した。何が何でも娘を医者にして、自分の人生を肯定すべく躍起になっていた。私にはそう見えた。

最初には書かなかったが、私が医者になった一番の理由はここにある。母親の狂おしいばかりの熱意を無下にするほど、私は非情になれなかったのだ。

反抗すると激怒した。カッとなると手が出てしまう一面もあったため、私の体にはしょっちゅう傷ができていた。

そうして物心つくころには反抗するのをやめた。

だから自分が何をやりたいか？　を考えるのは封印して、母親の満足のいく子を演じて生きてきた。

こんな道程で医者になったわけだから、その後に自我で思い悩むのは当然の顛末だった。

母の場合は、最初から麻薬性の注射に手を出したわけではなかった。私が物心つく頃にはすでに睡眠導入剤やベンゾジアゼピン系の抗不安薬を頻用していた。おそらくちょっとした痛みや不安を鎮めるために薬は好都合だったのだろう。もとより薬物を好むタイプの依存体質だ。それがだんだんとエスカレートし、様々な薬を乱用しながら麻薬系オピオイド注射にいきついた。

父が開業医で自宅にたくさんの薬剤があったことも災いのもとだった。彼女自身も元ナースで、自分で勝手に注射を打つことができた。たくさんの負のカードがたまたま揃ってしまったのが我が家の悲劇だった。

もちろん父も私も、彼女が依存症として手が付けられなくなるまで指をくわえて見ていたわけじゃない。家族として医師として、あらゆる努力をしたつもりだった。薬を取り上げ、叱り、取っ組み合いの奪い合いもした。またときにはなだめた。

平成初期の話なので当時は依存症の専門家もほとんどおらず、どこのドクターに相談しても門前払いを受けた。

それでもなんとかつてを頼って大学病院の精神科に入院させてもらったりもしたが、よくなるどころか、

「わたしを精神病扱いする気か！」

と暴れる始末だった。病院からは、

「これ以上は面倒をみられないから連れて帰ってください」

と強制退院させられた。


かと思うと比較的落ち着いた日には、自分から、

「ごめんよ、ママが間違ってた。もう注射はやらない」

と気弱な顔で私に謝ってくることもあった。

心底願っていたひと言、喜びのあまりに流した私の嬉し涙が乾く間もなく、数時間後には母は再び隠れて注射器を握っていた。

嘘をつくつもりではなかったんだと思う。その時は本当にやめたいと思っていたのだろう。でもそれ以上にやりたい欲求のほうが勝ってしまう、依存症はそんな病気なのだ。

何度も裏切られ続けたせいで、いつしか私は母を信じることができなくなっていた。

たったひとりの血のつながった母と娘だというのに。

依存症は家族の絆もぼろぼろにしていった。


こんな月日が何年も流れた。

諦めようと努めたり見ないふりをしながら、それでも救いの道をずっと探し続けていた私は、あるときようやくひとりの専門ドクターと出会うことができた。竹村道夫先生という精神科医だった。

この話も『母を捨てるということ』に詳しく書いてあるので、必要なかたは参考にしていただきたい。

竹村先生の指導によって、私と父は薬物依存の家族の会と繋がった。これが運命を変えたと言っていい（注：現在、竹村先生は薬物依存症の外来は担当されていません）。

まず父と私の心はこれによって救われた。

当事者の彼女が先生の外来にかかったのはたったの一度だけだったけれども、家族の態度と気持ちが変わるだけで本人にも影響は表れた。

少なくとも心身ともに傷つけあうことだけは避けられた。先生との出会いがなかったら、薬で壊れていく母親をこの手で殺してしまったかもしれないとさえ思っていたので、本当に感謝しかない。

結局のところ、母の場合は快方に向かうとは程遠く、依存体質は治まることはなかった。薬物依存が少し治まっても買い物依存などが発症した。

死ぬほどやめたいのに死んでもいいからやりたい、それが依存症患者の心の声。依存症のループはエンドレスなのである。

本人も自分を責めながら生きた半生だったから、つらかったと思う。

そして通販の段ボールだらけの部屋で、彼女は心臓発作でひとりっきりで絶命してしまった。

一人娘であり、医師でもある私ですら依存症の前ではまったくの無力だった。

結局は何もできないままに終止符を打たれた形だ。完全な敗北。

だからえらそうに世の中に助言できるようなことはほとんどないのだけれど、それでも実体験から学んだいくつかのことはある。

・依存症患者にはそうなる理由が隠れている。
・理屈や根性で闘えるものではない。
・取り上げればなお悪くなる。
・叱るとよけいに悪化する。

どれも痛いほど身に染みてわかった。

そう考えると、もしも依存症と闘うのであれば、正面から力ずくでいくのでは勝ち目はない。それよりも彼らの持つ生きにくさと孤立を軽くしてやれば、そこから何かが変わる可能性が出てくるのでは？

ここで精神科医、小林桜児先生の話を聞いていただきたい。


溺れる人と浮き輪の話（『人を信じられない病　信頼障害としてのアディクション』より）

場所は大海原。大勢の人間がひとつの舟に乗っている。

そこにいるあるひとはもともと泳げない。だから海がすごく怖い。舟に乗っているのもとても不安だけれど、仕方なく揺られている。

そのひとは人づきあいも苦手だ。舟の上にはいろいろなひとがいて、意地悪をされたり悪意ある言葉を投げかけられたり、つらいことが多い。

耐えて耐えて、辛抱の限りを尽くしたけれども、しまいにはあまりのつらさに舟から飛び降りてしまった。腕に浮き輪ひとつを抱えて。

泳げないので浮き輪だけが頼りだ。ガッチリと浮き輪を握りしめた。そんな姿を見た人々は、

「何やってんだ？　浮き輪なんかつかんで。バッカじゃないか？　舟の上にいればよかったものを。飛び込んだりするから身から出た錆だよ」

「浮き輪なんか離せ！　そんなもの手離してこっちへ戻って来い！」

みんな口々にそう言って、浮き輪を取り上げようとした。

言われれば言われるほどかたくなに浮き輪にしがみつくことになった。

だって怖いんだからどうしようもない。浮き輪だけが唯一信じられる存在だったのだから。

これは社会と依存症の関係のたとえ話である。舟が社会、浮き輪が依存の対象物だ。現実の社会を生きにくいタイプのひとは異常な執着で対象に依存している。そしてそれを取り上げようと世間が正論で責めるごとに、かたくなに依存が強まるのだ。

そう、取り上げても叱っても、理屈を並べてもそんなのはなんの意味もなさない。

それは私が重ねてきた過ちそのものだった。


小林桜児先生の話には続きがある。

そのひとが浮き輪を取られまいと死に物狂いにあがいているとき、舟の上からひとりのひとが優しく声をかけてきた。

「ねえ君。そうだね、海は怖いね。泳げないと怖いよね」

その声はとても穏やかで、表情はやわらかい笑顔だった。これまで出会った人たちとは明らかに違っていた。

「怖いんだったら舟の上に戻っておいでよ。ひとりで海に浮かんでるのはつらいだろう?」

たしかにもう体力は限界だった。浮き輪だけが味方とは思っていたけれど、浮き輪があったところで長続きはしない。本当は何も救われないことは自分でもとっくの昔にわかっていた。

「だから、ほら。この手をつかんでごらん。誰も君をいじめたりしないよ」

そう言って手を差し伸べてくれた。

もうどうしようもなかった。疲れ切って死んでしまうかもしれなかった。それでもいいとすら思っていた。でも、やっぱり死ぬのは怖くて、怖くて怖くて……最後の勇気を振り絞ってその手をつかんだ。

それは力強く握り返された。

舟に引き上げられるとみんなが明るく迎えてくれた。

「おかえり」「よく戻ってきたね」

口々にそう声をかけてくれた。かつて意地悪だと思っていた人たちは、本当は優しい人々だった。みんな温かかった。

彼は大声をあげて泣いた。

「ありがとう、助けてくれて。生きていてよかった」

この物語は依存症の本質をじつによくとらえている。

平成、令和になり依存症の医学はドラマチックな展開を見せている。松本俊彦先生、成瀬暢也先生など、専門ドクターのご尽力によってたくさんの人たちが回復への道のりを今日も歩んでいる。

私も今でこそこうした知識を得たが、かつて母と闘っていた間に理解していればもう少しは違った結果になっていたかもしれない。

依存症についてあまりに無知だったからこそ、家族で傷つけあった。死んでからも埋められない溝を作った。


世界じゅうで薬物の乱用は社会問題となり、それにまつわる犯罪も後を絶たない。厳罰化で立ち向かう国もあったが、残念ながらどこも効果を挙げていない。

もうおわかりだろう。

依存症に起因する犯罪は、叱っても取り上げても、正論で論破してもまったく効き目がないのだ。ましてや監獄でこらしめたところで何も解決しない。

もちろん罪は罪として認めさせねばならないし、償いも必要。そのための収監は否定しない。

しかし本当の意味で再犯を減らしていくのであれば、考えるべきはその後の彼らの生きる道を与えることだと思うのだ。舟から差し伸べた手のように。

社会の偏見を取り払い、理解を深めることが一番の回復への近道だ。

ポルトガルでは薬物犯罪の蔓延が限界を超え、その対策として政府は規制薬物の自己使用と少量の所持を非刑罰化した。なんと厳罰化の正反対の方法を採ったのだ。そのかわりにそれまで取り締まりに使っていた予算を彼らの更生の補助にまわした。住環境や再雇用、教育、そういった彼らを受け入れる体制を手厚くしたわけだ。

するとどうだろう？　結果的には薬物使用者が減少し、逮捕者も減ったではないか。

日本の薬物犯罪もどんどん若年化している。女性にも多い。国連の「世界幸福度ランキング」では下位ランクの常連という生きにくさに翻弄された国なのだから、この先もまだまだ増加していくに違いない。

だから、いかに依存症に対する正しい認識を社会に浸透させていくかが重要だ。偏見と悪の烙印、それが彼らを再び蟻地獄へと堕としていくのだと。我々には矯正医療の立場ゆえに語れることがあるはずだ。

そして、それこそが薬物依存症患者を実母に持って生きてきた私が医者になった本当の使命かもしれない。

誘《いざな》われるように足を踏み入れた塀の中の診察室だったけれど、自分がこうして生きてきたその意味が、ここへ来てようやく見いだせたような気がしているのだ。

刑務所で死ぬということ

刑務所で服役中にもしも重篤な病気にかかった場合、どうなるか？

これについてお話ししよう。

被収容者も高齢化が進み、そのぶん重い疾患を抱える者も増えてきた。

命にかかわる急性のもの、たとえば心筋梗塞や脳卒中などはとにかく一刻を争う。初期治療の開始は早ければ早いほどいいので、我々が診断をつけたならばすぐに救急の病院へ搬送する。

医療刑務所という治療設備の整った施設もあるのだけれども、日本国内にわずか4カ所しかない。このため急を要する場合には近隣の一般救急病院にお願いしたほうが早いことがある。

外部の病院に刑務所の住人を運び込むとなると何かと気を遣う。本人は縄や手錠をまとっているし、大勢の刑務官がそれを取り囲む。あたり一帯がいきなり物々しい雰囲気に染まってしまうので、一般患者さんのなかには嫌がるかたもいるだろう。

ことにここ数年のコロナ禍では救急病床の数も限られていたなかで、受け入れを許可してくれた医療機関には感謝しかない。こうして緊急で心臓カテーテルなどをほどこしてもらい、一命を取りとめた者は何人もいる。

たとえ患者が罪人であってもその命を全力で救ってくれたドクター陣とナース達には同じ医療者として平伏する。


塀の中でがんを患う者もいる。

日本人の2人にひとりは生涯でがんになるとも言われる時代、受刑者だってそれは同じだ。

彼らは毎年健康診断を受けている。刑務所内であっても肺のレントゲンや血液検査、便検査などができる。これで世間一般とほぼ同等の検診内容はカバーされている。服役中だからといって病気を見落としていいわけではないのだ。

加えて必要ならば胃カメラ、大腸カメラ、エコーくらいまでの検査は所内の医務で我々がやることができる。ここまで行えば我が国で頻度が高いと言われる肺、胃、大腸、肝臓などのがんは網羅できる。

ただ、これだけやっているつもりでも、知らぬ間に恐ろしく進行しているがんに出くわすことがある。

そんな一例、ひとりの進行食道がん患者の話をしてみたい。


70歳になったばかりの男性被収容者。

外では組の親分クラスだった。身体は刺青のよろいに覆われていたけれども、平素は物静かで落ち着いた爺さんだ。

数カ月前から食事がのどにつかえるということで逆流性食道炎の薬を飲んでいた。薬は少しは効果があったようで、しばらく内服を続けていた。

けれどもだんだんと症状は悪化して、ついには食事はおろか、水さえもうまく飲めなくなった。

「飲み込むのがつらくて、メシを食うのもイヤになるくらいなんですわ……」

普段ならば泣き言を吐くタイプではないのに、この日は少しこけた頬でやる気なさそうにそう話した。なんとなく顔色も優れない。

イヤな予感がした。長年の医師の勘が、検査を急げと告げていた。

私はその日のうちに胃カメラを入れた。

すると本人がつまりを感じると訴えていたまさにその場所に、大きくはびこった食道がんが見つかった。

それはかなり進んだ状態で食道内腔のほぼ半分くらいを占拠するまでに成長していた。

これでは食事が流れていかないのも当然だった。

組織検査からもまぎれもないがん細胞が検出され、進行食道がんの診断がつくのは早かった。

さて、次はどうやって治療するか？　の判断を迫られる。

オペをするのか？　抗がん剤なのか？　まずは何をすべきかを決めなくてはならない。

そうしている間も食事が摂れないので、日に日に体力は奪われていく。

方針決定のためのCT検査を外部の検査機関に至急で依頼した。ちょうど年末に差し掛からんとしていた時期で、世間が正月休みに入る前にできることをやっておきたかったのだ。

そして、届いたのは最悪の通知だった。

肝臓に転移巣と思われる小腫瘍が数個認められた。つまりは遠隔転移あり。それだけで最も進行したがんのステージと判断される。

手術適応はない。無理して手術したとしても延命はおろか悪化を早める危険すらある。となると、残された方法はいかに苦痛を緩和できるか？　それしかない状況だった。

本人にもその旨を告知しなくてはならない。今の時代はほとんどすべての真実を包み隠さず患者当人に説明するのがふつうだ。

「病名は食道がんだね、のどがつまるといっていた場所に腫瘍ができていました。だからそこがつかえて食べ物が入っていかなかったんだね」

当人も徐々に悪くなる体調と度重なる検査などから、自分がただならぬ病気に侵されていると予想はしていたと思う。

だから病名を聞いても驚くでもなく、

「あぁ、そうか……」

とひとこと発しただけだった。

「手術をして悪いところを取ることが出来ればいいんだけどね。CTでは肝臓にも影があったから、おそらく転移が始まっていると思う。そうだとすると手術は難しいんだよ。

切ったらよけいに悪くなる危険があるからね」

ネガティヴな内容でもうろたえることもなく、黙って私の話を聞いていた。

治らないがん、それはつまり死への砂時計が落ち始めたことを意味する。現代の医療には優れた緩和や鎮痛方法があると言ったところで、すぐさま心の救いにつながるとは言い難い。現実を受け入れるにはいくつもの段階を経る必要がある。

「こういう悪性の病気はね、とにかく早く見つけることがすべてなんだよ。ちょっとタイミングが遅れただけで治療はすごく難しくなる」

外ではろくに健康診断を受けたこともなかったと言った。食道がんのリスクファクターとされるタバコ、酒は浴びるほどやってきたし、それ以外にも違法の吸引薬物もずいぶんと使用したとも話した。そして、ひととおり話し終えると吹っ切れたように、

「仕方あるまいな」

とうなずいた。すべてを覚悟したかのように見えた。それから、もうひとことだけ、

「ばちがあたったかな……」

そうつぶやいた。

組関係の犯罪で詐欺やら傷害やら、ありとあらゆるいくつもの罪が重なって、彼には

かなりの長期刑があてがわれていた。

病気の進行を考えると、おそらく生きて刑務所を出る日を迎えることはできないと想像がついた。

いくら重罪人といえども、刑務所の中で死ぬなんて、そんな風に思って生まれてきたわけじゃないだろうに。

もしもやり直せるのなら、彼は二度と同じ過ちを犯さないだろうか？

そうあってほしいと願うのは私たちの身勝手な良心なのか……。

ほどなく、彼は緩和治療のために医療刑務所へと移送になった。そこで砂時計が尽きるまでの時間を過ごすことになる。

最後の日、より一段と痩せた腰を丁寧に折って礼を言った。

「先生、みなさん、どうもありがとうございました」

見送る余韻もなく、またいつものせわしない診察が始まった。私たちの仕事に終わりはない。

次のカルテに目を落とす。アフリカからの密輸の罪で収監された黒人の受刑者だ。

彼もまた長い刑期を科せられた罪人だ。遠い東の異国の刑務所で残りの人生を送るなど、思いもかけない展開だったはずだ。

いつか彼が自分の国に無事帰れる日は訪れるだろうか？　そのときまで家族は待っていてくれるだろうか？

そんな思いで顔をあげると彼と目が合った。

すると、こちらの複雑な気持ちなどおかまいなしの無邪気なスマイルでこう口を開いた。

「メリークリスマス！」

刑務所も、じきに年の瀬を迎えようとしていた。

第5章　女という罪

女子刑務所にて

ひとは罪を犯す生き物である。それは男も女も変わりはない。
日本には女子受刑者だけを収容する施設が5カ所ある。
北関東の町はずれの古い女子刑務所を訪れた時の話をしよう。

春の暖かな日のこと。門を過ぎると広がる敷地には樹木が植わり、花壇には色とりどりの花が揺れていた。

静かだ。私がいつも聞き慣れた男たちの行進の掛け声がしない。

「こらぁ！　前向いてろっ」

そんな刑務官の怒号もない。

被収容者が女性なら、刑務官や職員も女性が多い。そのせいで、全体にやわらかい空気が流れている。

建物もピンク色が使われていたり、優し気な雰囲気。こころなしか塀の高さも低めに感じ、鉄条網も少ない気がした。脱獄事件などが男子に比べて起きにくいせいだろうか？

「こういうのは男子刑務所にはないでしょう？」

中廊下のわきの植え込みに敷かれている砂利を指さして担当者が言った。

あぁ、たしかに。普通の矯正施設の地面は土かコンクリートと決まっている。砂利敷は珍しい。

そうか、凶悪な男たちの手にかかればたかが砂利と言えども凶器になってしまうからか。

女子刑務所にはそれだけ粗暴な行為が少ないことを意味していた。

ひとつひとつの細かな部分が女子刑務所ならではの光景で新鮮だった。

それはとてもよく晴れた日だったので、ちょうど受刑者たちが物干し竿に作業着を干していた。

化粧っ気のない顔はどれも色白だ。日焼けをするような遊びをしないのもあるけれど、なによりタバコを吸わないことが大きい。

刑務所ではみんな、タバコをやめるとみるみる肌に透明感が出てくる。ファンデーションや口紅はもちろん眉毛を描くこともできないので、誰もが子供みたいな無防備な顔をしている。目つきが悪いようなこともなく、ちょっと見ただけでは刑務所に来るような重罪を犯したようには思えない。

しいて言えば後ろでひとつに束ねた髪の先っぽだけに金色の脱色が残っている者がいる。かつて外の世界ではヤンキーと呼ばれていたに違いないけれど、だんだん髪が伸びるにつれて黒い毛の部分が増えてくる。その伸びた長さを見れば彼女がどれくらいの刑期を中で過ごしているかがわかる。


女性受刑者の日常は男子のそれとほぼ同じ。月曜から金曜は朝から夕方まで刑務作業に就く。土日は休み、自由時間にはテレビを見ることもできるし運動の時間もある。作業は洗濯、調理、縫製ミシン掛けなどで、これらは男子と変わらない。ただ木工や機械を扱うようなガテン系の作業はほとんどなく、そのかわり軽作業が多い。

軽作業というのは、たとえば小学校の教室のような作業場で、紙や布で花を作ったりする。いわゆる内職のようなもの。ほとんど座ったままできる簡単な作業だけれども、だからといって楽だとは限らない。単純なことを毎日朝から夕まで繰り返すのもかえってきついものだ。

そのうえ作業中は私語禁止。

一般社会ならば、女性の職場は他愛ないおしゃべりがつきものだ。それでストレス解消になり、全体の和が保たれる。だけれど、ここではそんな声ひとつも聞こえてこない。作業場内はしーんと静まったまま、全員がただひたすら手だけを動かしている。

ひとりの年老いた女性が作業場のいちばん後ろの席に座って、手作業をしているのが見えた。担当者が耳打ちをする。

「彼女がここの最高齢者です」

90歳を超えていた。

小柄で背中も丸まった白髪の老婆だ。ともすると椅子の背もたれに隠れてしまうくらいに小さくて痩せている。

手に持っているのはチリ紙のような白く薄い紙きれ。これを指で少しずつ破り、小さな切れ端にしていく。たまったものをビニール袋に詰めていく。

ほら、演劇の舞台などで天井から大量の紙吹雪が舞ってくるシーンがあるでしょ？あの紙吹雪を作っているのだ。機械で真四角にカットされたものとは違った風合いがあるので、手作業はそれなりの需要があるらしい。しかしああいうものがこんな場所で作られていたとは、考えもしなかった。

「手でちぎるので作業名は通称〈ちぎり〉っていうんですよ」

職員が教えてくれた。

〈ちぎり〉は女子刑務所の中でも最も簡単な作業にあたる。縫製や洗濯はおろか袋張りすらも困難な知能指数の者や高齢者などがここに配置される。

その老婆は無期懲役だと聞かされた。

ひとを殺した。

事件当時は彼女もまだそれなりに若かっただろう。かつて犯した罪で収監されたまま何年の月日が流れたのか。

まるで消え入りそうに、ただ黙々としわだらけの手で薄紙をちぎる姿からは殺人ができるような凶悪さはまったく感じられない。

それ以前に、彼女からは欲というものがいっさい発せられていなかった。

（早く出たい）

とか、

（模範囚になってお菓子を買いたい）

とか、大多数の受刑者が望むような欲求がかけらも感じられないのだ。

そんな無欲の人間がひとを殺められるのだろうか？　私はわからなくなった。

きっと私が見ているのは彼女の人生のほんのひとコマにすぎないのだろう。長い塀の中での生活ですっかり欲が消え失せてしまっただけなのかもしれない。過去の彼女はまったくの別の顔を持っていたのかもしれない。

いや待てよ、そうではなくてあの小さな体の内側には今でも過去と同じ犯罪性が閉じ込められているのだろうか？

短い時間のなかでいくつもの仮説が浮かんでは消えた。

どのような人間であれ、罪は許されるものではない。そして誰もが、犯した罪は償わなければならない。

けれどもその裏側にある人生には、それぞれのどうしようもない事情が隠されている。

「あなたはいったい誰を、なぜ殺したんですか？」

心の中で彼女の物言わぬ横顔に問いかけずにはいられなかった。

＊

女子刑務所ならではの職業訓練に美容師の資格を取れるシステムがある。刑務所内にある美容室で勉強する。そこは飾り気こそないけれど、広々として清潔な雰囲気。シャンプー台やさまざまな器具は一式揃っている。

実際のお客にカットやパーマの施術もする。

お客は外の世界からやってくる一般の女性だ。普通のヘアサロンに比べて値段が破格に安いので、意外と人気があるのだという。

その日も60代と思しき近所の奥さんがカットに来ていた。常連さんだという。よくあるサービストークなどはいっさいなく、ただ淡々とシャンプーとカットがなされていくのだが、これはこれでヘンに気を遣わなくて良いのかも？　と感じた。

もちろん終始、担当刑務官の監視のもとに行われるので、失礼も手抜きもない。

それにここでの作業に従事できるのは、刑務所内ではご法度のハサミの使用を許された者のみ。つまりそれなりに態度良好な者であることは言うまでもない。危険なことは何ひとつない。

一般の客人が襲われることも泥棒にあうこともない。男子刑務所も女子刑務所も、一般世界よりもはるかに安全に守られた場所なのである。

近年では、美容師と並んでネイリスト養成コースも人気らしい。どちらもお客が帰り際にかけてくれる、

「ありがとう」

のひと言が彼女らの琴線に触れるのは間違いない。

人間は誰かから感謝されることで自尊心を育てていく生き物だ。そしてそれが幸せだと知る。

受刑者の多くは成育環境に恵まれていないため、他人から褒められたことが少ない。親の愛情を感じられずに育ち、学校でも社会でも厄介者とレッテルを貼られた人生だ。

そんな者たちにとって、この職業訓練は大きな意味を持つ。

出所後に彼女らを待ち受ける道のりは気が遠くなるほど険しい。それを生きていくためには、まず自活する能力を身に付けるのが最善の策だ。そして自分を少しでも好きになれればなお良い。

刑務所でのこうした経験が、のちになんらかの手助けになってくれると信じたい。

＊

女子刑務所の罪状は違法薬物の使用が目につく。覚醒剤やコカインといった危ない薬物は女よりも男、それもカタギでない者たちが使うイメージが強い。けれども、現実社会では驚くほど女性たちにも蔓延《はびこ》っている。

たとえ平凡な主婦だって無関係とは言い切れない。寂しさからアクセスした出会い系サイトで知り合った相手から薬を譲り受け、そこから人生が180度変わってしまうケースもある。

家出少女に、

「泊めてあげるよ」

と近づいて薬を使わせる男もゴマンといる。タダで寝る場所や食事を提供してくれる男などこの世には存在しないのだが、未熟な娘にはそれがわからない。

売人や仲介人は、どんなときも初めは優しい仮面をつけている。女性のほんのちょっとの心の隙間を見つけてするすると巧みに入り込んでくるのだ。

一度入り込まれたらあとは蟻地獄。自力で這い出るのは死ぬほど難しい。

女性が薬物のターゲットになるには理由がある。

第一に、こういった薬物そのものがSEX DRUGつまり性交渉の刺激剤として好まれるものだ。愛好家はいつでも一緒に快楽に浸る相手を物色している。

違法薬物には依存性の高いものが多いため、知らぬ間にやめられない状態になっている。最初はほんの遊びのつもりでも、ひとたびその世界に堕ちてしまうと、自分の意思とは別に体が勝手に行動するようになる。

そして何が何でも薬を手に入れようとする。男たちなら窃盗や強盗を謀る。女ならば性犯罪に手を染める。売春がもっとも手っ取り早く現金になるから。

悪いことに、今も昔も女の性は商品になる。だから薬物で逮捕された女性は、同時に売春などの罪名がついている例がすごく多い。

女の犯罪と性、これは切っても切れない関係なのである。

＊

裁判中、妊娠した状態で拘置所内に収容されるケースも決して少なくない。そのまま有罪が確定し実刑となって刑務所にやってくる被収容者もいる。

もちろん産むか産まないかは本人の意思が最優先される。実際には産むことを選ぶ者は多くはない。これから始まる獄中生活を前に、その覚悟が持てないのも無理はない。それ以前に父親が誰かがわからないことだってある。

そんな環境でも、もし〝産む〟という選択をした場合には刑務所内ではそれに対応する仕組みができている。妊娠期間を無事に過ごせるように産科医師がフォローし、分娩当日は外部の提携産院にお願いする。

なぜわざわざ外部で産ませるのか？　刑務所内にも相応の設備は整っており、出産することも不可能ではない。なのにあえて外の医療機関に託すのにはわけがある。

それは子供の出生地を「刑務所」としないためだ。

日本の法律では子の生まれた場所を出生届に記載しなければならない。出生地が刑務所内となれば、何かと不都合を生じる可能性があるだろう。

何も知らずに生まれてきた子の将来のためにはこの配慮が大きな意味を持つ。

出産後、健康上問題がなければ乳児を連れて刑務所へ戻ってくることができる。所内には母と子が一緒に暮らせる部屋がある。これは女子刑務所ならではの設備だ。男子刑務所にはない。

「でもこの十数年、この部屋を使ったひとはいないんです」

女性刑務官は穏やかな口調でそう話す。

そう、現実には産んだあとに自分で育てるケースはほとんどない。たいていは外の世界にいる自分の母親にまかせることが多い。赤ん坊にとってはおばあちゃんだ。

身寄りがない場合は施設に預ける。出所後にも引き取らずにそのまま放置してしまう者もいる。非情だと思われるだろうが、そうやって施設で育つ子供は後を絶たない。

「産んだ赤ちゃんを自分で育てないとなると、母乳も薬で止めなくちゃいけないのよ」

産婦人科ドクターが教えてくれた。飲む子のいない母乳はホルモン剤を用いてストップさせるのだと。

女性ならば誰でも簡単に母親になれるわけではないのだ。たとえ妊娠はできても、産むことはできても、それが母になるのと同じ意味ではない。そのことを痛感させられた。

中庭に小さな子供を胸に抱く女性の像が置かれている。その優しい表情は、受刑者にそういう母性を忘れずに生きてもらいたいという作り手の思いが込められているのだと思う。

女子刑務所に収容されている女子たちは、その像をどんな気持ちで眺めているのだろう？　自分の姿と重ね合わせるのだろうか？　自分の子供を思い出すのだろうか？　それとも、何も感じないくらいまでに心は閉じてしまっているのだろうか？

帰り際、通りすがりに見た像は、なぜか来たときよりも哀し気に映った。

私はどうしようもなく切ない気分になった。

次に生まれてくるときは

北陸地方の拘置所で出会ったひとりのおばあちゃんの話をしたい。

度重なる窃盗のため逮捕され、裁判を待つ身だった。

身寄りはなく、薄汚れた服を何枚も着こんでいる。まだ刑が確定していないので所定の舎房衣ではなくて入った時に来ていた私服のままだ。

ボテッと小太りで足腰が悪く、動作もとても緩慢。刑務官に支えられてようやく移動する。

会話に対する反応も悪く、少しでもややこしい話になると返事もできずにきょとんとする。きょろきょろと目だけが泳ぐ。そうして誰かが助け舟を出してくれるのを甘えたような顔で待つ。

その様子から〝すっとぼけた婆さん〟として拘置所でも有名な常連で、

「耳が悪いのか、都合の悪いことは聞こえないふりをするんですよ。困ったもんです」

担当官も手を焼いていた。

入所時からすでにかなり進んだ糖尿病があったため、裁判が終わるまでの間、月に一度のペースで診察を担当することになった。

足腰の不調から運動などはまったくするはずもなく、食事制限も理解できるレベルではなかった。栄養素などという概念は彼女の頭の中にはないのは明白だった。拘置所は刑務所と違い、お弁当やカップラーメン、お菓子などの購入ができるのも災いして、数値は悪くなる一方だった。

診察をしていても、最初は何を聞いても聞こえないふりをしたり、薬を飲むのも嫌がった。

「薬はイヤ、おなかイタくなる」

かつて服用した薬剤で下痢をしたらしく、とことん薬嫌いになってしまっていた。

しかし裁判期間中に高血糖で倒れられてもまずい。ナースと一緒にとにかく、根気強く説得を繰り返した。

その甲斐あって何度目かの診察のときには、

「じゃあ先生が言うなら1個だけなら飲んでもいいよ」

と態度を和らげ始めた。

治療を開始したら予想以上に改善し、検査の数字上も目に見えて好転した。それを見ると本人も少し気を良くしたようだった。

けれども、

「この薬なら飲んでもいいよ。でも他のはダメ、これ以上はナシ」

と相変わらず自分勝手なペースで物事を進めていた。

ただそんな話をするときにも、とくだん反抗的というわけではない。どちらかと言えば言葉少なに甘えたような態度を取る。

小さく丸っこい目をぱちくりさせてじっとこちらを見る。その表情は、ともすると裁判中の常習窃盗犯だということを忘れさせるくらい。なんと言うか、無垢な子供っぽさすら感じさせる瞬間があった。

診察の回を重ねるうちに、それが彼女なりの表現方法なのだと思うようになった。

普通のひとなら会話をすることでお互いの関係性を作っていくものだけれど、ボキャブラリーが極端に少ないためにそれができないのだ。

問いかけにすぐさま答えないのは耳が悪いからではない。質問の意味がくみ取れず、うまい返答が見つけられないから黙っているしかないだけだ。

そう、彼女はおそらく生まれながらにして知能の発達が悪い。自分で生活する力のない典型的な社会的弱者そのものなのだ。

働き方がわからない。社会の仕組みも理解できない。生活保護の申請すら知らずに、ただ欲しかったから食べ物や生活用品を盗ってしまう。その証拠に、高額品に手を出すことはしない。

何度捕まって注意を受けても警察に突き出されても、本人にはどう反省してよいかが考えられない。だからへらへらしてその場をやり過ごすような態度を取る。

おそらく昔からそうやって甘えた顔をして切り抜けてきたのだろう。昭和の日本だったら若い娘が上目遣いで見つめてくれれば、ちょっぴりの万引きくらいなら見逃してくれるぬるい店主も少なからずいたのだろう。

〝すっとぼけた婆さん〟はわざととぼけていたんじゃない。他に方法がないからそうするしかなかったのだ。

私たちの付き合いは数カ月に及んだ。そのうちに診察を終えて部屋を出るときは、

「せんせい、次はいつ来なはる？」

と懐っこい顔で聞いてくるまでになっていた。

そしてもうじき判決が出て移送になると決まったとき、おそらくそれが私の最後の診察になると思われる日。

おばあちゃんが言った。まっすぐにこちらを見て、

「せんせい、わたしはね。次に生まれてくるときはね。せんせいみたいに、頭がよくって、きれいで、ちゃんとした仕事ができるひとに生まれたい」

私は一瞬口ごもった。何と答えていいか、瞬時には言葉が見つからなかったからだ。

「そんなことないよ。私なんかたいした才能ないんだから」

もしそこが普通の社会で、相手が普通に知り合った人ならば迷うことなくそう返しただろう。謙遜、社交辞令、礼儀、そういったものすべてをひっくるめた無難な回答として。

でも、このときはそう答えることが躊躇された。なんというか、適切でない気がしたのだ。

私はずっと自分が特別恵まれた人間とは思ってこなかった。それは今もそうだ。だっていわゆるギフテッドと呼ばれるような天才ではないし、医師の世界の中では掃いて捨てるほどいる凡才に過ぎない。

いやなに、医師の免許があるからかろうじてまともな人間のように生きてこられたけれども、他の世界だったら全然ダメだ。能力もないうえに扱いにくいから、早々に出世街道からドロップアウトするタイプだろう。

ただ、彼女のように文章もあまり理解できない人からみれば、私レベルでもじゅうぶんに恵まれている。自分でお金を稼ぐ力もある。少しばかり人の役に立つことだってできる。

そんな相手に対して薄っぺらい謙遜なんて、無意味どころか無礼に思えるじゃないか。彼女は裕福になりたいとか贅沢をしたいと望んでいるわけではない。普通の人間ができる普通のことをしたいと願っているだけなのだ。

矯正施設で診察を始めてからというもの、どんな風に生まれ落ちたか、どこでどうやって育ったかが人間にとってどれだけ重要かを思い知らされている。それが犯罪へと繋がっていくことを痛いほど教えられたのだ。

人生が平等だなんて、まったくの嘘だ。

裕福と貧困、明晰と暗愚、美形と醜悪、この世に生を享けた時点から、人間はすべての不平等の下に置かれている。己の努力によってそれを払拭できるひとなんて、ほんの一握りに過ぎない。みんな、その偏見と差別の下で生きる道を模索するしかないのだ。

法律に代表されるたいていの決まりは平均的な人間のレベルで作られている。だから普通以上の能力のあるひとにとってはそれを守って暮らすのは難しいことではない。けれども、そのレベルに満たないひとにとってはその普通がものすごく難儀なものだ。

大部分のひとはそのこと自体に気づかない。

世間に社会的弱者というカテゴリーがあるならば、私は医学的弱者という存在にも目を向けたい。身体的、知能精神的に標準的な力を持たない人びとだ。

彼らの罪に対して必要なのは法の裁きや懲罰なのだろうか？

いや、違う。それらに彼らを変える力はない。

本当の意味で犯罪を食い止めようとするならば、私たち自身が彼らが罪を犯さずに済むような救いの意識を持つことなのだ。

それからのち、おばあちゃんに判決が下った。繰り返した窃盗の罪で実刑となった。
彼女が盗んだものはコンビニの大福ひとつだった。

第6章　罪を犯さずには生きられない

少年院で育った子

少年の矯正施設は大きくふたつに分けられる。このことをご存じのかたはじつは少ないように思う。

本来の規定では1種から5種と称される分類があるのだけれど、ここでは性質からあえてふたつに分けて考えたい。

性質というのは、平たく言えば前科がつくかつかないかの違いである。

まずひとつめは少年刑務所。

審判で有罪となり実刑に相当すると判断された少年が送られる場所。禁錮や懲役など、おとなと同様の刑が科せられる。言い換えればそれだけ重大なケースが多いし、前科として記録される。

それに対して、少年院という施設もある。ここは罪を犯した少年の保護と矯正教育が目的であり、懲役などはない。実刑とも異なるので前科もつかない。

少年刑務所に行くか少年院に行くかは裁判所が決定する。

少年院のなかには心身に障害があると考えられ、治療を必要とすると思われる子たちを収容する施設もある。かつて医療少年院と呼ばれていたところである。

ここでは、その医療を要する少年院の話をしようと思う。


少年院の雰囲気は刑務所とは少し様子が異なる。

第一に、少年の場合は懲役の刑務作業がないから、一般の刑務所の毎朝の光景、

「左っ！　左っ！　左っ右っ！」

とみんな揃って工場へ行進するような姿は見られない。

そのぶん施設内はとても静かだ。基本的には各自個室で、本を読んだりテレビを観たりしている。

ベッドと机と洗面台があって、一見すると全寮制の学校みたいだ。ただひとつ違うのは、部屋が外から施錠されるという点だろう。そう、鍵は彼らがかけるものじゃなくて、教官がかけるものなのだ。

彼らの日常は作業療法や主治医の診察、卓球やバスケットボールの運動など部屋から

出てみんなで行動するカリキュラムもあるが、その間も普通の若者みたいにはしゃぎあったりはしない。

〈交談禁止〉の原則は刑務所と同じか、それよりも厳しいからだ。

矯正施設内でプライベートなつながりを持つと、少年の場合はおとな以上に親密になりがち。考え方が子供ゆえ、他人を信じて正直に自分について喋ってしまうことが多い。これはいつか社会に出て生活していくときに、悪いほうに足を引っ張られる原因になりかねない。

たとえば名前を知られただけでも、

「あいつは昔○○の少年院にいたヤツだよ」

と噂を流されて、それが将来の足かせになるかもしれない。最近のSNS事情を鑑みれば、一旦流出してしまった個人情報は二度と消し去ることはできないから恐ろしい。


集団行動がとれない子は個別指導になる。

どこの世界にだって集団が苦手な子供はクラスにひとりやふたりはいるものだけれど、ここで言うそれはレベルが違う。毎日のように暴力を振るってしまったり壁や机を壊したりと危険を伴うケースも少なくない。

そんな彼らだが、じつはおとなの受刑者のように懲役何年といった刑期が定められていない。社会に復帰可能な状態まで更生したと判断され、受け入れ先の保護者が定まれば退所することができる仕組みだ。

逆に言うと受け入れが決まらない子はなかなか退所できないことになる。そうやって過ごすうちに少年院の中で成人を迎えてしまう子も何人も見てきた。青春時代のほとんどを塀の中で暮らすのだ。

こう考えると、大人の犯罪者のように刑期がはっきりしているほうがある意味ではやりやすい。だって懲役3年ならば、良くも悪くも3年間おとなしくやりすごせばシャバに出られるのだから、当事者的には照準が定めやすいじゃないか。

いつ終わるともわからずに少年院の四角い天井を眺める生活。それは一般の同世代の若者の暮らしとはまったく異質のものとしか言いようがない。

医療少年院では単に触法少年を保護、教育するだけでなく、精神と身体の治療も重要な要素だ。

新潮新書『ケーキの切れない非行少年たち』（宮口幸治著）が話題になったので、ご存じのかたも増えているだろう。生まれつきのものにせよ成育環境によるものにせよ、なんらかの疾患が犯罪に結びつくことはとても多いのだ。精神疾患は感情の障害や理解力の問題、衝動性のコントロールなどに直結するので、犯罪と背中合わせだということはわかりやすいと思う。

ただ体の疾患もそれと同じくらいに彼らの行動に変容をもたらすことはあまり理解されていない。

たとえば一種のホルモン異常の病気は精神の凶暴性をきたすことがある。過去の有名な少年凶悪事件の主犯がこの疾患だったのだが、それはほとんどのひとが知らない事実だ。

だからこそ、私のような内科医はそういった病気が彼らの中に潜んでいないかどうかを探し出さなくてはならない。もしかしたら彼らが起こした犯罪の根源は、彼ら自身ではなくて彼らの持つ病気にあるかもしれないからだ。

結果として同じ罪であれ、その差の意味合いは実に大きい。

彼らの過ち、犯罪の種類は盗みや器物損壊、薬物、性犯罪、暴力から殺人まで、大人とほぼ同じである。

じっくりとカルテの成育歴を読んでいると、ほぼ全例に家庭環境の問題が記載されていることに気づく。

両親が健在で経済的にも恵まれている家庭はほとんどないと言っていい。

両親の離婚後に母親に引き取られたものの、その再婚相手の養父から性的虐待を受けていた少女。実父はやくざ者で刑務所に入っており、実母は消息不明となって祖父母の家に身を寄せていた少年。両親はおろか祖父母すら頼れる環境になくやむを得ず施設で暮らしてきた子。ここにはまるで映画みたいな環境で育った子たちがリアルにたくさんいるのだ。


ここからは、私が少年院で出会った少年少女たちの姿を描いてみる。当事者のプライバシー保護のため、一部設定をフィクションに置きかえてある点をご容赦いただきたい。

＊

A子　17歳　傷害

地方の中規模都市で生まれたA子は父親が誰かわからない。水商売や風俗の仕事をしていた母親が客といい仲になってできた子だ。

その母親もA子を産んですぐに自殺してしまった。母親自身、10代からシンナーや覚醒剤の乱用があり、A子を産む以前から幻聴などの精神症状に苦しんでいた。

だからA子の記憶には父親の顔も母親の顔もない。

施設で暮らし、そこから小中学校に通ったが、どこでも人とのつきあいはまったくできなかった。事ある毎に自分勝手な行動をとり、同級生を傷つける言葉を吐いた。そして思い通りにならないとすぐに暴力的になって問題を起こした。しまいには理由もなく、廊下ですれ違う同級生に殴りかかるまでにエスカレートした。

これでは学校側がA子をトラブルメーカーとして煙たがったのは無理もない。そのせいもあって中学にはほとんど登校しなかったにもかかわらず、厄介払いのごとくあっさりと卒業させられた。

その後も施設での暴れようはひどいもので、しょっちゅうパトカーが駆けつけるほどの騒ぎを起こした。

他人や物を傷つけるだけでなく、自傷もひどかった。ペンを自分の手に刺したり足の爪を剝がしたりして、日々救急外来を騒がせた。

そんなことの繰り返しで、ついには児童相談所の担当者を殴って大怪我をさせたのをきっかけに医療少年院へ入所となった。

初めての診察の面接で目の前に座った彼女は、色が白くてぽっちゃりした可愛らしい子だった。初対面の大人の女医と面と向かうのが恥ずかしいのか、長く伸ばした髪でだらりと顔を隠すようにして部屋に入ってきた。

こんな感じで顔を見せられない子は割とたくさんいる。パーカーのフードですっぽり顔を覆っていた子もいた。世間ではおかしな態度に思われるだろうけれども、少年院ではけっして珍しい光景ではないのだ。

「こんにちは」

と声をかけると、髪の毛の隙間から照れた笑い顔が見られた。

A子は集団行動ができないために、ほとんどのカリキュラムを担当教官や療法士とマンツーマンで行っていた。音楽が好きで、特に韓国のアイドル歌手の曲をピアノで弾いたりしていた。

人懐っこい一面もあり、好む教官には自分から話しかけてなかなか離れようとしない。話が終わりそうになると、あえて無理やり会話を引き延ばした。そういうときはご機嫌

なのだが、ひとたび嫌いな相手が現れると、それがドクターでもナースでも、

「うざいっ、キモイ！　あっち行って！」

と罵声を浴びせた。

自室にひとりでいると自傷もひどい。爪を長く伸ばしていて、それで自分の手首を傷つける。少年院ではカッターやハサミが持てないので、そうやって自傷する術を身に付けてしまったのだ。

刃物でスムースにつけられた傷と違って、いびつにギザギザとした患部は爪の雑菌も悪さしていつも汚く膿んだ血液がにじんでいた。

私と診察室で話す際も、不安隠しなのか時折爪で手首をいじろうとすることがあった。

「やめなさいって」

その度に止めたが、結局腕の傷は増えるいっぽうだった。

彼女のカルテにはこんな記載がある。

「なんのために生きているのかわからない。私はもともと望まれて生まれてきた子じゃないでしょ？」

この一文は、彼女の本質をついている。

誰かのために頑張りたい。お母さん、お父さんに褒めてもらいたい。本来そんな願いの連続でひとは成長を続けるんだと思う。

その感覚が生まれながらに備わっていないわけだから、ただやみくもに頑張れというのはあまりにも酷である。それどころかA子は自分の存在に意味を見出すことすら難しいのだ。アイデンティティーというものが最初からない子供がこの世にはいるという現実をつきつけられて、愕然とした。


そんなA子にも好きなことはある。

韓国アイドルファンが昂じて多少の韓国語を喋れるようになっていた。

「私はナ、行くはカ」

「へぇ、すごいじゃない。よく知ってるね」

そう褒めたら得意顔で韓国語の弾丸トークを始めた。

「あ～、韓国行きたいなー。先生行ったことある？　どこ？　どこに行った？　韓国に行く、はハンゴゲ　カヨ」

普段あまり褒められた経験もなかったのだろう。

「そんなにできるんならもっと勉強すればいいのに。きっとあなたの脳みそはもっと勉強したがってるんだよ。ホントは頭いいんじゃない？　使わなきゃもったいないよ」

と言うと、

「ええ〜？　そうかなぁ？」

とすごく嬉しそうに笑った。

「そうだよ、もっと勉強していろんなことを覚えたらいいよ。いつか大人になったときに役に立つよ。いつかは仕事もして生きていけるようにならなきゃ」

「仕事？　ああ、A子看護婦さんになりたいな。あっ、でもムリだよね、中卒だもん。あははっ」

「そんなことないよ。高卒認定とかあるし中卒でナースになったひともいるよ」

そう事実を伝えると、

「え？　マジ？　そうなの？」

と一瞬目をキラキラさせた。

その後、A子は韓国語の参考書を希望してずいぶんと熱心に読みふけっていると教官から聞いた。

そうして学ぶ感覚はけっしてムダにはならないだろう。学校に行っていなかったからこそ、学ぶ楽しさを知ることは人生の舵を切るきっかけになる。

彼女の小さな希望の光が消えてしまわないようにと強く願う。私には陰からそっとエールを送るくらいしかできることはないのだけれど。

＊

T郎　16歳　放火その他

一見普通のサラリーマン家庭に生まれたT郎だが、父親はほとんど家族と口をきかずいつも自室にこもっているような人だった。どうやら他人との交流が苦手で、職場でも誰ともつきあいはなかった。

子育てにも家族にもまったく関心がなく、ほとんどを母親にまかせっきりだった。そのぶんを埋め合わせるかのように母親は子供に熱意を抱いていた。

T郎が小学校高学年になる頃には、父親は家を出てアパートで独り暮らしを始めた。かといって離婚はしなかった。

こうした経緯で、T郎は母親と自宅で暮らしていた。

父親に関する記憶はほんのわずかしかなく、たいした感情も持ち合わせていないと話す。好きでも嫌いでもない、と言ったところだと。

でも実際にはT郎にも父親とよく似た一面がある。学校では人付き合いが苦痛で、彼いわく「いつもひとりで浮いていました」。

集団行動のとれないT郎が格好のいじめのターゲットになるのにさほど時間はかからなかった。気づくと毎日机にイタズラ書きをされ、みんなの前でからかわれた。

そんなわけだからいつしか学校が大嫌いになった。友達なんてひとりもいなかったし、欲しいとも思ったことはない。

毎日息を殺して登校し、とにかく何も起きないようにと祈りながら中学まで進んだ。途中からは不登校気味ではあったが、中学を卒業するまでの辛抱だと思ってなんとか耐えた。

しかし、子育てに熱心だった母親は進学を望んでいた。進学したくないと訴えるT郎に対して、

「何言ってんの！　高校くらいは出ておかないと！　将来のことを考えなさい！」

と叱責し、通信教育の高校の願書を取り寄せた。

母親のことは好きだった。だから母親に強く反発したことはなかった。

（通信なら誰ともかかわらなくて済む。それならば入学してもいいかな）

と自分を納得させようとした。でも、いざ説明会を聞いたら、時々は行事のために登校せねばならないことが判明し、それで一気にイヤになった。

とくに人前で何かを発表したりする課題は、

（うまくできなかったらどうしよう……）

と考えるだけで体中が震えた。

（絶対に高校へは行きたくない。お母さんが何を言おうと嫌だ！）

Ｔ郎は考えた。どうすれば進学をやめることができるのか？

考えても無駄に時間が過ぎていくだけ。どんどんと期日は近づいてきた。

ある寒い夜、悶々と眠れずに起き出すと、居間の引き出しにあの願書があることを思い出した。

（そうか！　願書を燃やしてしまおう。そうすればお母さんも諦めてくれるかもしれない）

ものすごい名案を思い付いたと感じた。これしかないと思えた。

迷うことなく引き出しを開け、願書に100円ライターで火をつけた。紙はあっという間に燃え上がった。思っていたよりも火の勢いが強かったので、びっくりして燃える願書を投げ出してしまった。

冬の乾燥のせいもあって、床に落ちた願書の火はあっという間にカーペットに燃え移った。そしてテーブルクロスに、カーテンに、燃え広がるのに時間はかからなかった。こわくなって思わず家を飛び出した。線路の高架下で膝を抱えて座り込み、ひと晩じゅう震えた。

翌朝警察に保護され、事情を聞かれるなかで、家で眠っていた母親が焼け死んだことを知らされた。

診察室で会ったT郎は、ものすごくおとなしくてほとんど自分からは喋らない。小さい声でこちらの質問に答えるだけ。

感情を露わにすることもない。終始無表情で、自分を表現するのはうまくない。部屋ではひとりでパズルをやったりしている。これはわりと得意で好きな時間だという。

体も細くて、見た目はまだ子供だ。

誰が想像するだろう。彼が人を殺した少年だと。

そう、彼は何も悪さをしようと思ったわけじゃない。母親を死なせるつもりなんてこれっぽっちもなかったのだ。

ただ、学校に行きたくない。他人と関わるのが嫌だった。それだけなのだ。

T郎のように社会に生きづらさを感じ、それをうまく伝えられないタイプの人間が大勢いることは最近でこそ知られるようになったが、それでもまだまだ理解は進んでいない。

ただ間違いなく言えるのは、そうした押し殺した苦しさがこうした悲劇を生むことがある、ということだ。悪人ではない少年が最悪の罪を犯してしまうことがあるのだ。

＊

Y太　18歳　傷害その他

物心ついた時には母親による家庭内暴力が日常的に行われていた。Y太の体にはいつもどこかしらに殴られたあざが絶えなかった。ときには包丁を向けられることもあった。

それも関係してか、サラリーマンの父親はうつ病を繰り返していた。

まもなく両親は離婚した。

小学校では最初からクラスメートになじめず、高学年になる頃には、

「変わってるヤツ」

として有名になった。

誰かが自分の悪口を言っているように感じて、いつもピリピリしていた。それがピークに達すると暴力を振るった。当然学校からは凶暴な問題児として扱われた。

離婚後は父親側に引き取られたY太だったが、女手のない家庭を不憫に思った父親の姉が生活の面倒を見に来てくれていた。Y太にとっては伯母にあたる女性である。

わざわざやってきてくれているというのに、彼は伯母が無断で家に入り込んで勝手なことをしているように思えて、気に食わなかった。

中学生になるとほとんど登校しなくなり、家にこもるようになったが、これに対して伯母からグチグチと説教されるのも癇に障った。

（あいつがいなければいいのに……）

いつのまにかそんな思いが頭に浮かぶようになっていた。その思いはどんどんエスカレートしていった。

（あいつがじゃまだ）

理由や根拠の有無とは別次元として、この思い込みは彼の中で増幅していった。

そのうち、これは、

(殺せ、殺せ、殺さなくちゃいけないんだ)

という心の中の指令と化した。その指令は日に日に圧力を増して、しまいには頭の中の大部分を埋めるまでに膨れ上がっていた。

そしてある日、彼は指令の声に従って伯母を包丁で刺した。

鑑定の結果、医療少年院への収容となった。


ある朝のことだ。私が出勤すると、警告のアナウンスが院内に響きまくっていた。警告音には何種類かあるのだが、その中でも滅多に聞かない最緊急を意味するものだった。アナウンスは男子寮での緊急事態を知らせていた。

この発令を聞いた職員は全員、至急指定された場所に駆け付けなくてはいけない。教官やナースがあちこちから走って集まってきていた。私もロッカーから取り出した白衣に袖を通す間もなく、手に持ったまま男子寮に急いだ。

現場はY太の部屋だった。

教官によって施錠が解かれドアが開け放たれていた。あたりはすでに駆け付けた職員が取り巻いていた。

四畳くらいの小さい部屋にはベッドとトイレと洗面台があるだけだが、その床にY太が横たわっていた。

自殺を図ったのだ。

洗面台に破ったシーツをくくりつけて首を吊った痕跡が生々しく残っていた。

職員数人が必死に声をかけている。私も床にしゃがみ込んで彼の身体に手を当てた。

身体は温かい。頸の血管も脈打っている。

「聞こえる？　Y太くん！　わかりますか？」

耳元で呼び続けると、うっすらと目を開けた。そして表情はないものの、わずかにうなずくのが見えた。

傍らではナースたちが血圧計やパルスオキシメーターでバイタルサインの確認を進めていた。命に別状はない、後遺症もなさそうだ。

「良かった……。助かったね」

無意識にその言葉が口をついた。他の職員たちからも同じく安堵のため息が漏れた。

「大丈夫？　痛いところはある？　苦しくない？」

彼の冷たい手をさすりながらそう質問した。返ってきた答えに私は息を呑んだ。

「なにも……感じません」

反抗しているのでも、悲しんでいるのでもない。ただ静かに彼はそれだけを喋った。瞳は宙を見ていた。

そうか、それが彼のリアルなんだ。

生きてて良かったなんて、恵まれた人々の価値観だ。命は尊い、私たちはそれが当たり前だと思ってきたけれど、当たり前じゃない人間もいるってことなんだ。

かつて人を殺そうとした少年は、今度は自分自身を殺そうと試みた。それは恨みによるものでもなければ快楽のためでもない。

他人には理解できない世界の中だけで生きている子なんだ。

それはきっと、私が想像するよりもはるかに苦しい日々なんだろう。

それでも彼は生きていかなくてはならない。医学と矯正教育はそれを支えるためにある。

彼に安らかな日々が訪れるかどうか、それは誰にもわからないけれど。

＊

M子　16歳　殺人未遂

家にはお金がなかった。M子が中学生のころ、実父は借金苦で首を吊って自殺した。発見したのはM子だった。その時の光景は今でも時々思い出すという。

弟がふたり、妹がひとりいる。一番下はまだ赤ん坊だったが、実母が育児をしないので、ほとんどM子が面倒を見ていた。

生活保護でなんとか暮らしていたのだが、母親が昼間から酒を飲み、パチンコで散財してしまうため、いつも生活に窮していた。

文句を言えば暴力が返ってきた。身体には生傷が絶えなかった。

そんな暮らしに嫌気がさし、何度も死のうと思った。母親の持っていた睡眠導入剤を大量に飲んでは救急車で運ばれた。

いつしか耳の奥で、

「死ね」

という男の声が聞こえるようになっていた。

どこまでが現実でどこからが夢かわからなくなっていった。

ある日、学校から帰宅すると母親が見知らぬ男を自宅に連れ込み、性行為に及んでいた。小さな弟と妹はわけもわからずにお腹を空かして泣いていた。母親に抗議したら、逆ギレされてボコボコに殴られた。

その晩、また大量服薬を図ったが、目覚めたら救急外来のベッドの上だった。

それからも死にたい欲求は留まらず、飛び降りや腕の動脈を切ったりといろいろやったが、いずれも死にきれず未遂に終わった。

(自分が死ねないなら、もう母親を殺すしかない)

そんな観念が湧いてきた。そしてそれはどんどん彼女のなかで大きく膨らんでいった。

ある日、酔っぱらって寝ていた母親の首をナイフで刺した。

命は取り留めたものの、M子は医療少年院送致となった。


覚醒剤も大麻も知らないM子は、いわゆるよくいる不良とはかけ離れた外見をしていた。背が高く、黒髪のおとなしそうな女の子、といったイメージだ。血液データも諸検査も異常はない。貧しいながらも自分で考えながら栄養を摂っていた様子がこんな一面からも見えるものだ。

「お母さんに謝りたいです」

少ない言葉の中でも、そんな気持ちを述べていた。あれだけひどいことをされていたというのに、やはり彼女にとってはたったひとりの親だということか。

「弟と妹のことが心配で」

とも言っていた。まだ彼女自身が子供と言っていい年ごろなのに、どれだけのものを背負っているのかを考えると、胸が痛んだ。

そしていちばん心に刺さったのは、このひと言だ。

将来について交わされた会話。

「将来の夢、ですか?」

少しだけ考えて、M子はこう口を開いた。

「まっすぐに正しく生きていきたいです」

組員という生き方

刑務所で診察を担当すると、最初のほんの一時間で気づくことがある。

患者の刺青率が高い。これだ。

カルテに刺青の有無を書きこむ欄があることはすでにお話ししたとおり。しかし、そのパーセンテージは想像をはるかに超えて高いのだ。

どれくらい高いか？　と言うならば、目の前に座った患者の体には墨が入っていて当たり前、逆に入っていないと、

「あれ？　あなた墨入っていないんだね？」

とつい口をついて出てしまう。それぐらいの割合だと思っていただきたい。

私はそこそこの年月にわたり一般社会で内科医をやってきたので、相応の数の患者さんの身体を見た。中には、刺青のある患者さんだっていた。しかし一般社会で数十年かかって見てきた刺青の総数を、なんと刑務所ではわずか一日で優に超してしまったのだ。

数の問題だけではない。塀の中と外の刺青は、何やらいろいろ違う。

たとえばシャバでは、とくに最近の若い子は男女を問わずファッション性の高い洋風なタトゥーを入れている子をちらほら見かける。たいていが腕や肩にバラや十字架や意味不明なスラングのアルファベット。いわゆるオールドスクールタトゥーや、トライバルタトゥーと呼ばれるもの。

渋谷や原宿にあるショップで比較的安い料金で短時間に仕上がるので、ピアスやコスプレと同じような感覚で好まれている。

このタイプのタトゥーは皮膚の浅いところに色素を入れるため、もし後から消したくなったときにはレーザーで消しやすい。こういったハードルの低さが、若者にウケている理由だろう。

しかし、塀の中で出会う墨は、そういうんじゃない。

まずなんといっても面積が違う。背中一面が基本で、両肩両腕、手首くらいまで及ぶ者もいる。手首は神経が多いのでさぞや痛かっただろうに。

尻や胸にも大きな絵柄がつながっていることもある。柄は牡丹や桜吹雪、竜や鯉、天女などが多い。もちろん和彫りだ。

和彫りは洋風のタトゥーに比べて針が深い。色の種類も多い。そのぶん彫るのに時間を要するので、総製作期間は1年ではきかなそうな大作ぞろいだ。

そのせいか、製作途中で捕まってしまい、絵が中途半端な状態の者もいる。鯉が半分だけ紅いとか、ちょっぴりまぬけだ。

おそらく日本の有名な彫り師の作品のほとんどがここに来れば拝めるのだと思う。道徳的な問題はさておき、伝統アートとして見ごたえはじゅうぶんだ。

中には私のような絵心のない者が見てもわかるくらい、とんでもなく下手くそな作品もある。痛い思いをしてこんなヘンテコなお絵描きに金を払うのか？　金返せ！　とクレームをつけたくなるレベルのものもある。本人にはそうは言わないけれども。

塀の中で墨を入れているのは、ご想像通りカタギの世界の人間ではない。いわゆる組の面々だ。あちらの世界ではまだまだ和彫り文化が根強く受け継がれているのである。

ここではその世界の男衆の刑務所内での様子に触れていこうと思う。

＊

やくざ者。たいていのひとは一生関わりたくもない人種だろう。毎日のニュースでも強面の組員がガサ入れを受ける様子は頻繁に流れている。どいつもこいつもガラの悪い服を着て眉毛はなく凄んだ目つき。見るからにカタギでない感じが溢れ出ている。

そんな人種が群れ集まる刑務所という場所は、さぞや恐ろしいところに違いない。そう思われるのは当然だ。

「そういうひとって怖くないの?」

よく聞かれる。

しかし、実のところあまり怖くはない。というかまったく怖くない。

なぜなら塀の中の組員は、意外なくらいおとなしく静かに暮らしているからだ。

受刑者の暮らしはとにかく規則に次ぐ規則、すべてが厳しい決まりに縛られている。起床から洗面、食事も作業も、入浴、就寝時間まで、すべてが管理のもとで規律通りに行われなくてはならない。時間割から歩く道順、行進のスピードまで全部が決められている。よほどの体調不良などの事情がない限り、決まりを破ることは許されない。

刑務官の指示も絶対的な威力がある。無意味に反抗すれば、懲罰の対象になってしまう。

令和の現在、日本の一般社会では自由が当たり前になっている。学校の校則もどんどん緩くなり、仕事場でも無理な強制はハラスメントの名のもとに許されない風潮に変わってきた。

だから前時代的にここまで厳しい規則でがんじがらめなのは塀の中くらいのものだ。朝から晩まで監視されて、あんな窮屈な暮らし、私だったら絶対にイヤだ。

ところが、である。組の人間は、ここで生きる能力にだけは長けている。

そもそも〝組〟とは字が表すとおり〝組織〟のこと。大きな組ともなれば大会社並みの巨大な集団だ。年季の入った組員というのは、その組織の一員として足並みを揃えて生きてきた者なのだ。

その内部は映画に観るような厳格な上下関係に取り仕切られた絶対服従の世界。一般人からは想像もつかぬほど理不尽な扱いもあるだろうが、それをも飲み込む力のある者だけが生き残っていける熾烈な場所なのである。

つまり、組員は規則や服従を心得ている。組にいたときは組の、塀の中ではそこでの掟に従って暮らす。我慢を知っている人種なのである。

その能力ゆえ、刑務所の中でも受刑態度良好として、仮釈放を早くもらえるのも彼らの特徴だ。だから私は、背中一面が雷神の刺青だらけの受刑者に乱暴な口のきき方をされたことはない。

かえって組に属さない半グレみたいな犯罪者のほうがよほどタチが悪い。目つきも態度もよろしくない。どこの決まりも守ることなく、野放しに好き勝手に悪いことをして生きてきた人間のほうが、数倍扱いにくい。

ここまで書いて、誤解されないようにお話ししておくが、私は決して組員を評価しているわけではない。反社会的組織の犯している罪の大きさは許しがたいものだし、そこに加担する人間はどんなに小さな罪であれ罰せられるべきだと思っている。

しかし、彼らの従順さや我慢強さを実際に目前にすると、

（あぁ、こんなに力があるのなら一般の社会でだって十二分に生きていけただろうに……）

ともったいなく思うことがある。

「ありがとうございました。〇〇番、帰ります」

診察を終えるとそうやってしっかり頭を下げて出ていく彼らの姿を見るたびに、組員という生き方しか知らなかったために犯罪者にならざるを得なかったその人生を憂うのだった。

＊

「最近、なんだか心臓がドキドキするんですよね」

そう動悸を訴えて診察室に来たのは50代の男性患者。短く刈られた頭髪は、その大部分が白髪だ。刑期中は髪を染めることができないので、ぱっと見は60過ぎにも見える。もともと不健康な生活を送っていた者が多いので、犯罪者は老けるのが早い。

左手の小指の先がない。一目でその筋の人間だとわかる。

「そう、どんな時にそうなるの？　動いた時？　じっとしてる時？」

話しながら、まずは胸に聴診器を当てる。くすんだグリーンの作業着の前をはだけると例にもれず深緑の墨が見えてくる。唐草模様だか竜のウロコだったと思う。

とりわけ目についたのが胸のど真ん中、人間の急所とも言える胸骨の位置にどでかく刻まれた文字だ。

そこには漢字で男の名前が彫られているではないか。

「これ、誰の名前？　自分の名前じゃないよね？」

「いやいや」

はにかみながら首を横に振る。そして少しの間の後に、

「親分さん、ですわ」

とだけ言った。それ以上は語らず、こちらも深く尋ねることはしなかった。

親分の名前を胸のど真ん中に彫るなんて、なぜだ？　どういう意味があるんだ？　当時の私には理解不能だった。

でもその後、この患者以外にも数人、同じように胸に彫られた名前の刺青を見た。きっとあちら側の社会では珍しくないメソッドなのだろう。それが忠誠の形なのか？　変わらぬ俠気の証明だということか？

何度見ても私には歪んだ自己表現としか思えないけれど、あちら側ではそれが最大級の契りなのだろう。

あるとき、心電図を取りながらくだんの患者に尋ねてみた。

「名前を入れるくらいだから、そんなに親分のことを想ってるの？」

すると、検査ベッドに横たわったまま、彼は諦めたように笑った。

「いやぁ、自分は破門されましたから」

そうか、細かい事情はわからないけれども、ひとたび忠誠を誓い、親父と慕った相手なのに、その縁はもう切れてしまったのか。


組員が収容されてくるのにはさまざまな罪状がある。詐欺や違法薬物の販売といった組織の違法ビジネスが摘発されてやってくるケースが多いが、恐喝や監禁などのおどろおどろしい文字も目に入る。

これらの罪は上からの命令によることがほとんどだ。組織は完全なる封建制度が敷かれているので、下っ端が勝手な動きをすることはまずあり得ない。

「自分がやりました」

と警察に自首してくる者もいるが、それだって本当の実行犯かどうかなんてわかりやしない。ただ誰かが逮捕されればそれで捜査は終わる、組はそれ以上の捜索を受けずに手打ちにできるというわけだ。

そんなとき、忠誠心の厚い男ほど役に立つものはない。

「ちょっとおまえ、3年ほど入ってきてくれるか？」

親分のそのひと言で替え玉だろうがなんだろうが自ら出頭する。そして刑期を終えればまた親分のところへ戻っていく。

「おう、ごくろうだったな。ありがとよ」

と労いの言葉をかけてもらえるだけで、彼らにとってはなによりの褒美になるのだ。そして再び組のために働く。頼まれれば手も汚すし、またムショにだって入る。その繰り返しの人生だ。組員に入所回数の多い受刑者が多いのはこのためだ。


そんな人生に何の意味があるんだろう？　疑問が頭をもたげる。

その答えに近づく一歩として、彼らと長い期間接していくるとわかってきたことがある。彼らは生まれながらにして極道なわけではない。育ちに事情のある者がすごく多い。たとえば親の顔を知らない。貧困やネグレクトで学校に行かせてもらえなかった。まわりに信じられる人間は誰ひとりとしていない。この日本でさえ、そんな成育環境の人間がゴマンといる。

そうして誰にも頼れずに自暴自棄に暮らしているところへ、たまたま声をかけて拾ってくれたのが親分だった。

親分は本当の父親みたいに優しくて、面倒をみてくれた。かわいがってくれた。初めて信じられる人物に出逢えた。そんな風に思えたひとのためだったら命を懸けても惜しくない、そう思うのもわかる。

そこしか生きる場所がなかった、組はそういう男たちの棲み処なのである。

破門されたと語ったあの患者には、もう帰る場所はない。褒めてくれる親分もいない。

それでも胸に刻んだ名前が消えることはない。彼の犯した罪がこの世から消えてしまうことがないように。彼は組員だったという現実を身体に刻んだまま生きていくことになるのだ。

ちょうど私の出勤する朝の時刻、刑務所の門の前で出所のお迎えの面々と出くわすことがある。

組関係の出所は一目でわかる。迎えに来ている人たちが、ヒョウ柄のブルゾンにパンチパーマ、革のセカンドバッグ、エナメルの靴など映画さながらのベタベタな姿で門の前に待ち構えているからだ。ある意味、これが彼らの正装だ。

いまどき？　と思うが、このあたりは昭和から変わっていない。

かたや出所する当人のほうは、典型的な五分刈りの受刑者ヘア。

長きにわたる、規則的過ぎる生活とヘルシーな食事で毒気が抜けて、すっきり清潔感ある雰囲気に生まれ変わっている。

出所の際は作業着を返して自分の服に着替えて外へ出る。最初に預けた装飾品の時計やネックレスも返してもらえる。

そうして門の外へ出たときから、彼らの社会復帰が始まるのだ。

担当刑務官も医務のスタッフも、彼らひとりひとりの再起のために日々努力している。

(今度こそはせめて普通に生きていってくれればな)と願う。

いやなに、

「社会の役に立つ人間になれ!」

とまでは望まない。ただ他人を傷つけることなく、迷惑をかけることなく静かに生きてくれればそれでいい。

だからこそ、待っていたヒョウ柄とエナメル靴に促されワンボックスに乗り込む姿を目にしてしまうと、正直なんとも言い難い気持ちになる。

彼らが以前と同じ場所に戻る限り、また同じ罪を犯して舞い戻ってくるだろう。刑務所で覚えた普通の生活なんて、ほんの3日で忘れてしまうに違いない。

でも一歩門の外に踏み出した彼らにストップの声をかけることは、私たちにはもうできない。空しいけれど、去っていく車の後姿を黙ってみつめるしか術がないのだ。

「刑務所に戻りたかった」

〈新入面接《しんにゅうめんせつ》〉。

新たにやってきた被収容者は、病気の有る無しにかかわらず一旦は私たち医官が診察をする決まりになっている。

万が一、悪性疾患を患っていないかどうか？　法定伝染病を持っていないか？　などをスクリーニングするのが主な目的。

とまあ、刑務所に入れられるほどの罪を犯すだけの体力がある者なので、たいていは大病はない。せいぜいシャバでの乱れた生活ゆえの肝障害や高血圧、もしくは薬物による精神の症状程度である。

けれども、その日に目の前に連行されてきた患者は明らかに様子が違った。

60代だというその男は、車いすに小さく丸まって乗っかっていた。〝座る〟というよりも〝乗っかる〟という表現が近い。まっすぐ姿勢を保つだけの筋力もなく、手も足も折れそうなほど細い。

　進行性の筋肉の変性疾患だった。原因不明で治療法も確立していない、だんだんと筋肉がやせ衰えて全身の力が抜けていく病。発症後何年かで呼吸筋までもが侵されて、しまいには命を落とす。非常に難しい病気だ。

「体調はどうですか？」

　こちらの問いかけにも、

「あ……、だ、い、じょうぶ……で、す……」

と途切れ途切れに答えるのがやっとだ。表情筋も萎縮が始まっていると見え、ほとんど口も開かない。

　痛いのか苦しいのか？　本当に大丈夫なのか？　すら見当もつかないほど反応が薄い。

「作業困難者としていちばん軽い作業につく予定です」

　看護師兼刑務官のナースマンが教えてくれた。

　所内の工場は作業内容や強度によって配属が分かれている。体力のある健康な者は、木工や金属など大きな物を扱うガテン系の工場に、いっぽうで高齢者などは座ったままできる簡単な作業に振り分けられる。割りばしを何十本かまとめてゴムでとめる程度の、そういう仕事だ。

その患者も当然後者の部類だ。それだって、まともに座位も保てないほど弱っているのだから、どの程度できるかわからない。

この者が医療刑務所でなくて、一般の刑務所に送られてきたこと自体になかなかの無理があるのだけれど、現場にはこうしたケースは山ほどある。

医療刑務所では、主に現時点でオペや透析などの医療を要する患者を請け負う。ニュアンスとしては急性期入院に近い。

慢性の疾患はなかなかそちらへは送致にならず、一般の矯正施設にやってくることになるのだ。

それより何より私が驚いたのは、その者のカルテの表紙に記された、

〝常習窃盗　累犯5回〟

の文字である。

そう、なんとこの患者、刑務所の常連だというのだ。

盗むものはいつだって少額の品。おにぎりとかお菓子など、たかだか100円ちょっ

とのものばかりだ。たったそれっぽっちの現金もないのか？　と言えばそれもそうだが、問題の焦点はそこではない。

考えてもみてほしい。手足を動かすのもままならず、ひとりではまともに外出すらできない障害者がどうやって盗みをはたらくと言うのだ？

どういう意味か、すぐにはイメージし難いと思うのだけれど、つまりはこういう話だ。障害があって仕事ができないからお金も家もない。助けてくれる家族もいない。身体はどんどん弱る一方、となればあとは野垂れ死ぬしか道はない。

そこであえて、ほんのわずかの盗みをはたらく。通報されて警察に捕まれば留置場や拘置所へ連れて行かれる。再犯ならば簡単に実刑となって刑務所へ入ることができる。そこなら雨風はしのげるし、温かい食事も食べられる。入浴だってできるのだ。行き倒れよりははるかに人間らしい暮らしじゃないか。

このために彼は持てる力を振り絞っておにぎりに手を伸ばしたのだ。そう、すべては捕まるために取った行動だったのだ。

とはいえ軽犯罪の場合にはそう長い刑期ではない。だから1年程度で出所してしまうのだけれども、シャバへ出た途端にまたおにぎりを盗む。そしてまた逮捕される。そうやってほどなく刑務所に舞い戻ってくる。その繰り返しだ。

「このひと、2カ月前にここを出たばっかりなんです」

ナースマンが諦め顔でそうつぶやいた。

そうか、いくら更生指導をしても再犯防止教育に時間を割いても、現実問題として生きる力のない者にとってはそんなのは無意味に等しいのか。

障害年金とか生活保護とか、この国にはそういった救済措置があるだろう？ と思われるだろうけれど、それらの手続きすらも自分ではできないような障害者が実社会にはたくさんいるのである。

難解で細かい書類を作って役所へと幾度も足を運ぶより、すぐ目の前のたった1個のおにぎりに手を伸ばすほうが何倍も簡単だ。

彼らは社会のシステムから抜け落ちて、世間の目の届かないブラックホールに沈み込む。そこで生きながらえるために、必死でうごめいているのだ。

身体の障害だけではない。知能の問題も犯罪に大きくかかわっている。

私たちは、世の中のたいていの人々は新聞が読めてテレビのニュースが理解できると考えている。自分の話がちゃんと相手に通じているものと思っている。

でも、それは案外間違った認識かもしれない。中にはそれができない知能レベルのひとが思った以上に存在する。

たとえば、

「お腹がすいた。何か食べたい」

といった簡単なセンテンスならば理解できるが、

「お腹がすいたけれどもまだ近所の店が開店していないから、もう少し我慢する？　それとも隣の町の店までバスで行く？　行くとしたら15分はかかるけど、どうする？　バスに乗るカードは持ってる？」

のような長い文章になるともうわからない、といったひとは結構な割合でいるものだ。塀の中の診察室ではこうした知能の問題を持つ受刑者に頻繁に出会う。

診察時の問診でも、ほとんど要領を得ない相手もいる。

これまでの既往症を聞いても家族歴を聞いても、ほとんどすべてに、

「わかりません」

と答えが返ってくる。けっして反抗的なわけではない。本当にわからないのだ。あた

かも考える回路が途中で切れているかのように。

こうした者でも、収容以前にはまったくこの問題に気づかれていないケースが少なくない。

外見上は一見普通に見えるし、食事もできるし、歩く走るも問題なくできるから、その異常に他人は関心すら持たない。

おそらく学校の授業の中身はまったく理解していなかったはずだ。それでも毎日登校さえしていれば、難なく義務教育は卒業可能だ。

ちょっと反応の遅い子、勉強の嫌いな子、くらいに扱われる程度だろう。

ただ義務教育まではなんとかなっても、その後は厳しくなってくる。仕事を継続して勤めるのはまず難しいので、自然と家庭内に留まり狭い世界だけで生活するようになる。すると周囲とのかかわりも減り、いよいよ誰にも問題を気づかれない。次第に存在すらも忘れられてゆく。

こうした家庭は親も同様の知能であることも多く、生活保護など福祉の手続きのやりかたも知らない。

近所からは、

「あの家族、ちょっと変わってるね。働いている様子もないし、人づきあいもないよね」

と陰口を叩かれるものの、だからといって誰かが世話を焼いてくれるような時代でもない。

知的障害の療育手帳の交付基準はおおむね最重度が知能指数20未満、重度が20から34、中度が35から49、軽度が50から75となっている。

本来ならば、長い文脈での会話が成り立たないレベルであれば、じゅうぶんに軽度以上の療育手帳の交付基準にあてはまるはずなのだ。それを自ら申請できないがゆえに、社会から取り残され、一般常識とはかけ離れた感覚で毎日を過ごすことになる。

その結果として、

「お腹がすいてどうしようもなかったから目の前のパンを食べた。それがなぜいけないのですか？」

「すれ違ったおんなのひとがとても気になって髪の毛にさわりたくなった。そうしたら叫ばれて警察が来た。なんで？」

と真顔で述べるような犯罪者が生まれてしまう。

これくらいにしか理解能力のない被収容者を目の前にすると、彼らが刑務所にいる意義そのものが疑問に思えてくる。

何が悪いのかわからないままに刑務所に送られてくる。なかにはここが刑務所か留置場か、はたまた病院かもわかっていない者すらいる。

そうした者に対して、果たして矯正教育の意味はどれほどあるのだろうか。

＊

女性の性犯罪、売春で繰り返し逮捕される者にも、知能の障害が少なからず関与する。男に騙されてとか、覚醒剤欲しさの資金繰りのためとか、そういう動機があっての売春ならばまだ理解できなくもない。こういうケースならば、悪い男や薬と縁を切ることで更生への道が開ける可能性もゼロではないだろう。

でも、実際にはそんなベタな筋書きばかりではない。なんと言ったらいいか、要は体を提供することだけで生きている女性というのが存在するのである。

たとえば生まれながらにして知能の発達がやや遅滞していて、小学校の教科書が理解できないレベル。これだと周囲の人間の善悪を見分けることも困難だ。

思春期になれば体形は女らしく変わるので、それに目を付けた男たちはいくらでも寄

ってくる。ほんのわずかのパンや菓子を手土産に渡されれば、それだけで、

「おいしいものをくれるいいおとこのひと」

になってしまう。

そうしていとも簡単に体を開き、安いギヴアンドテイクの関係ができあがる。

「あそこの家にはこういうカンタンな女がいる」

こういった情報は広まるのが異常に速いので、あっという間に辺り一帯の男がひっきりなしに出入りするようになる。

中には母娘ともども同様の知的障害で、ふたりして体と引き換えに男たちから食べ物やわずかばかりの小遣いをもらって生活していた例もある。

当人たちは、

「それのなにがおかしいの？」

と首を傾げる。

「だって、セックスをすればみんなやさしくしてくれたもの。わたし、うれしかった」

もはや売春とも呼べないような、悲しい罪。しかしこれは本当にあった話だ。

売春防止法の文言には、

「売春が人としての尊厳を害し、性道徳に反し、社会の善良の風俗をみだすものであることにかんがみ」

とある。しかし現実にはこれは理想論である。尊厳や道徳の概念を持たない者に善良の風俗を保てと命ずること自体に無理があると言わざるを得ない。

身体障害、知的障害。こうした者たちが刑務所や少年院には数多く収容されている。それもそうだ。身体が丈夫で知能が高ければ、刑務所に入るような罪を犯すのは愚かだということくらい考えればわかる。

それが欠落している時点で、やはりノーマルとはどこかが異なるのだ。

『累犯障害者』（山本譲司著）には、こうした事例が多く語られている。

同書に記された、とある地方都市で真冬に起きた駅舎放火事件に触れておきたい。

犯人は当時70代半ば。無職で住所も不定の男。前刑で収監されていた刑務所を満期で出所して、わずか8日後の犯行だった。

この犯人が、その動機について述べた言葉は新聞でもセンセーショナルに伝えられた。

「刑務所に戻りたかったから、火をつけた」

知能指数は66だった。

第7章　それでも世間の風は吹く

LGBTQと刑務所

地球上には自分の性について問題を抱えているひとが思うよりも多い。最近でこそその事実はLGBTQとして少しずつ語られるようになってきた。けれども世間の真の理解にはまだまだ程遠い。

塀の中でも性の問題を抱えている者はいる。

拘置所で出会った、常習窃盗の罪で裁判中だったある被告の話をしよう。

窃盗症を持つ彼女は、ショートカットですっきりとした顔立ちをしていた。10代の頃から女でいることを止めたくてしかたがなかった。だから成人と同時にヤミのクリニックで両方の乳房を切除した。

手術を受けることに対しては、これっぽっちの迷いもなかったという。しかし、ずさんでお粗末な施術のために乳房の傷が炎症を起こして全身に菌がまわり、あやうく死にかけた。

「やっぱりインチキなクリニックはダメですね。ひどい目に遭いましたよ」

と今ではサバサバ話すのだけれど、その両胸には乳首がない。ヘタクソなオペのせいで乳輪が血行障害を起こして壊死し、みるみる干乾びて、ついには脱落してしまったのだと話す。まだ20代の若さだというのに。

「どうせ使わないから、かまやしないですけどね」

そのあたりは並外れてさばけているものの、一方で女子刑務所に行くのには抵抗があると語る繊細な一面も持ち合わせている。

女子の収容施設で女子用の舎房衣を着させられて大部屋で他の女子と生活をするのは嫌だと話していた。ましてや集団で入浴するなんて考えられないと。窃盗に対して有罪判決が下ることよりも、その先の生活のほうが重大な関心事のようだった。

現在の日本では、戸籍と同じ性の矯正施設に入所するように定められている。性転換手術歴の有る無しは判断基準にない。つまり性器の形は無関係。

だから彼女が戸籍の変更を行っていなければ、どんなに嫌であろうと女子刑務所に入ることになる。

しかし最近では、いくら犯罪者とはいえ、性同一性障害に対してある程度の配慮がなされる動きが出始めている。

雑居房ではなくて単独室でひとりで寝起きできるくらいの権利は与えられる。入浴時も他の被収容者の目に触れない時間帯を割り振られたりもする。MTF（生物学的には男性だけれども気持ちは女性の場合）かFTM（生物学的には女性だけれども気持ちは男性）かによって男の刑務官が対応するか女子刑務官がつくかは個別に決定される。それくらいに配慮しなくては、もし無防備に他の被収容者の前に中途半端な手術の身体を晒せば、興味本位な噂の的になってしまう。

おそらく過去にも水面下ではこのような事例はたくさんあったのだろう。ただ世間一般に性への理解がなかった背景を考えると、こうした個人のセンシティヴな問題がないがしろにされてきたのは間違いない。

何度も言うようだけれど、刑務所は罪人を懲らしめるところでもいたぶるところでもない。刑務作業という形で罪を償わせる場所なのだ。あくまでも健康に作業に取り組んでもらわねばならない。

だから必要以上の精神的苦痛を強いるのは本来の筋からは大きくはずれてしまう。これからの矯正は性の問題を無視しては成り立たないところまできている。

陰茎を自分で切ってしまった男性もいた。

刑務所に収容されるよりもかなり前のことだったらしいけれど、ほんの数センチ残存する性器は尿を排泄する機能も侵されていて、うまく用を足すことすらままならなかった。だから頻繁にカテーテルを入れて導尿する必要があった。

そんなわけだからしょっちゅう尿道に傷がつき、血尿を出したり発熱したりを繰り返し、医務の世話になる機会が多かった。

いつもおどおどしていておとなしい受刑者だった。彼は知的障害を持っていた。なぜ自分で性器を切り落とすようなことをしたのか？　という問いにさえうまく答えられるレベルの知能指数ではなかった。とにかく自分の性器に異常な嫌悪感を抱いていたことだけは間違いない。

罪名はたしか住居侵入だったと記憶している。どんな事件だったか詳細は不明だけれど、単なる物取りのような金銭目的ではなかった。やはり知能の問題に起因した、一般論では説明しがたい罪だと想像がついた。

彼の場合ははっきりと性同一性障害と診断を受けてはいなかった。というよりもしっかりと診察を受けたことがなかった。

だから特別な配慮はなされぬまま、一男子として懲役生活を送っていた。

荒っぽい男衆に交じって、細っこい身体で行進をする姿が印象に残っている。屈強な刑務官の号令が容赦なく彼の背中に突き刺さっていた。

彼にとっての男子刑務所での共同生活は、おそらく他の被収容者とはまた別の苦しさに満ちたものだったろう。

ＬＧＢＴＱの被収容者の中にはＨＩＶ感染者も数人いる。理由は単なる性交渉だけではなく、薬物の回し打ちなどもある。

最近の医学では、ＨＩＶはしかるべき治療をほどこせば発症を食い止めることができるとされている。ただ、そのためには刑務所内の医務では残念ながら力不足。外部の専門医療機関に定期的に受診させる必要がある。

そのために担当者が護送するのだが、受刑者を外界に連行するにはもろもろの手続きが必要で、何かと人手もかかる。

万が一、外へ出た際に隙をついて逃走などされようものなら、それはそれは一大事だ。幸いこれまでにそういった事例はないものの、毎回万全を期して病院を受診させている。その甲斐あってＨＩＶによる死亡例はここ数年でひとりも出ていない。

ＨＩＶの治療は通常の患者さん同様に行われるいっぽうで、性ホルモン治療は基本的に認められていない。

たとえばゲイの男性が女性ホルモン投与の治療を受けている最中に逮捕収監された場合、この継続はなかなか難しい。ホルモン剤の中断によってよほどの健康被害を生じるケースでない限り、その治療は一旦頓挫せざるを得ないこともある。

従来の概念のまま対応しているのが現状だけれど、これに対しては問題視されつつある。

性同一性障害の治療をどうとらえるか？　これもまた現代矯正医療の考えるべき重要な案件のひとつである。

＊

「ねえねえ、あのひとゲイなんですってよ」

「えぇ〜？　マジで？」

街ではこんな世間話が耳に入ることがある。性の多様性が説かれ、ＬＧＢＴＱへの偏見が薄らいだと言われる昨今でもまだこれだ。世の中の認識は実際には大して変わっちゃいない。

かたやテレビでは、どこのチャンネルに合わせてもゲイのタレントを見ない日はない。それくらい人気者が多いわけだけれども、これも言ってみれば、

〝男の敵にならない、女の敵にもならない〟

という嫌われにくい立ち位置にいるからだ。

だってほら、美人は女から嫉妬されるし、ハンサムすぎる長身男は男から反感を買うでしょう？　誰からも敵対視されない人気者という存在は、テレビ界には重要なのである。

「だってあのひとはゲイだから、自分たちとは別の次元のひとだから」

といった一種の区別意識みたいなものが社会にはこびりついていて、キレイにはがれる兆しがない。ＬＧＢＴＱの本質的理解からは程遠い。

その証拠に、一般社会では、

「同性愛者とバレて、遠回しにそれを理由に仕事場をクビになってしまいました」

現実にはこんな理不尽な話はいくらでもある。

こうした偏見が彼らから仕事を奪い、居場所を奪い、そうして生き辛くさせていく。生き辛さは人間を徐々に蝕む。追いやられた結果として裏社会でしか生きられなくなる者もけっして少なくはない。そこは犯罪ととても密接につながっている。

社会から排他的に扱われさえしなければ、なんら問題なく生きていけただろうひとがたくさんいる。

はたして彼らを追いやったのは誰なのか？

人間は他人の生まれや育ち、親の職業などさまざまなことで相手を少しずつ差別する。性の問題もそのひとつ。

この他意無き偏見と差別が、ひとを犯罪へと追い込んでしまう。その結果、社会に大きな被害が生まれてしまっていることに、世の中はまだまだ気づいていない。

そろそろ本格的に価値観を変えるべき時に来ている。そうは思いませんか？

新型コロナvs.受刑者

2019年から2022年にかけて、世界じゅうをかき乱した新型コロナウイルス感染症。

そのとき刑務所では何が起きていたか？ このことは、あまり知られていない。感染急拡大で緊急事態宣言が発出されたときは、被収容者たちへの面会もすべてストップがかかっていた。

刺激のない毎日のなか、たまの面会だけを楽しみにしている者が多いだけに、いくら受刑者とはいえそこは気の毒な気がした。

世界各国で同様の措置が取られ、イタリアでは受刑者が不服を訴え暴動を起こしたとニュースで伝えていたくらいだ。

けれど外界との接触が最もハイリスクな感染源になるので、あの時点ではそれはやむを得ない策だった。

日本の被収容者たちは、騒ぐでもなくそれに従ってくれた。

新入の者には全例検査を行った。

それだけやっても一部では感染者が出た。たまたま運悪く潜伏期にあったひとりが、事前の検査をすり抜けてしまったのだ。

そもそもが数百人を共同生活させる国の施設、一般社会以上に抗原検査やPCR検査を駆使していたというのに、どうしても検査は100％とはいかないものだ。

ひとたび感染者が出ると隔離対策に追われた。幸い隔離する場所はわんさかあるので、爆発的に感染者が増えるのはなんとか食い止めることができた。重症者も出さずに済んだ。

まもなく、世間同様に受刑者にもマスク着用が義務付けられた。

以前の刑務所では被収容者がマスクをつけるなんてあり得ないことだった。表情が見えなかったら何を考えているかわからなくて危険だし、マスクの内側に何かを隠し持つ可能性だってある。

真冬に軍手や使い捨てカイロを持たせることすら容易でなかった経緯を踏まえると、いきなりのマスク着用義務は異例中の異例の決定とも言えた。

ひとたびそうと決まったら、そこはなにせ24時間の集団生活。一般社会よりもマスク装着時間がめちゃくちゃ長い。そのためマスク皮膚炎が相次いだ。みんな気の毒なくらいに鼻のわきを赤くしていた。

一般社会から少しだけ遅れたものの、ワクチンの接種も行った。接種は希望者を募って進められたのだが、高齢者や基礎疾患のある者が多いので大半が手を挙げた。注射の当日にはみなさんとまったく同じ書式の問診票を書き、医務部のナースとドクターが片っ端から部屋を回って打ちまくった。

緊急事態宣言下、世間では会社もリモートワークを奨励し、テレビからは日々、小池百合子都知事の、

「ステイホーム、ステイホームでお願いします」

の声が響いていた。

この時期には被収容者同士の感染拡大を防ぐために、工場での作業もストップせざるを得なかった。工場内では大人数が1カ所に集まって作業するため、クラスター発生の

リスクがあるからだ。各自、自室に待機して決まった数名のメンバーとしか接触しなければそれだけ感染リスクは下げられる。

この日常は緊急事態宣言の間ずっと続いた。おかげで被収容者からの感染は防げたが、そのうち刑務官や職員の感染が出始めた。

とりわけオミクロン株の流行が始まったあたりから市中感染は歯止めがきかなくなり、子供のいる職員などは続々と濃厚接触者疑いと判断され、否応なしに出勤停止となってしまった。

刑務官の頭数が少なくなると工場作業を監督できる人員が不足し、その結果再び工場を休止させるはめになった。被収容者たちは元気なのに働くことができないという由々しき事態。

仕事に出ないからといって自由に遊んでいいわけではない。ただひたすら部屋でおとなしく読書をするかテレビを見るか手紙を書くくらいしかできることがないのだ。

面会謝絶、室内安静の入院病棟さながらの日々に所内は静まり返り、男たちはみるみる活気を失った。

思うに人間、退屈だとろくなことをしない。作業が休みで一日中部屋に押し込められた彼らには、無意味な小競り合いが急に増えた。きっかけはテレビの音量がうるさいとか、そんな他愛ないことだ。

あるとき、ケンカの仲裁に入った者が、とばっちりを食らって殴られた。目の上が切れてあふれ出す血を押さえながら診察室に連れてこられた。

「これはまた、とんだ目に遭ったね」

と同情すると、

「ほんとですよ、もう。かなわんですわ、働きたいんですわ」

そうぼやいた。外の世界ではまっとうな労働なんかしたことのないチンピラ男なのだけれど、そう愚痴りたくなるくらい退屈はムショ暮らしの敵なのだった。

刑務所のライフライン、炊場。そこすらもその機能を停止させていた。

普段彼らが食べる食事は三食自分たちが作っている。だから炊場は一日中ダクトからシュワシュワと蒸気が上がり、調理器具のカチャカチャという音が鳴る。惣菜のにおいが漂って活気がある。

ここまでもが、しーんと静まり人気《ひとけ》もなく、まるで廃屋になったみたいに感じられた。調理ができない間、食事は外部の仕出し弁当でまかなわれた。麦飯でなくて白米、揚げ物や炒め物のおかずが増えて、そのおかげで2カ月ほどの間にみるみる糖尿病や高血圧の患者が悪化した。

いやなに、仕出し弁当が悪いといっているわけじゃあない。自炊メニューが破格にヘルシーなだけだ。

塩分は少ない、香辛料や油もののもほとんどない。豆と野菜は毎日必ず出てくる。たいていの患者の血液データはこれだけで改善させるパワーを持っているくらいの、健康食のお手本と言っていい。

そうして一旦悪化してしまった病態を再び改善させるには、その後工場が再稼働してからしばらくの時間を要した。

ほとんどの機能が停止していたまさにそのとき、塀の外から思わぬ朗報が舞い込んできた。

「刑務所で医療用の感染防護服を作ってほしい」

という依頼だ。

なにせ刑務所には立派な縫製工場がある。普段から巨大な旗とか垂れ幕など、大型の布ものを縫う仕事を全国各所から請け負っているため、業務用のミシンの充実っぷりには自信がある。どこのどれとは言わないけれども、

「え！　この旗は刑務所で作られていたのか?!」

とびっくりするようなものもある。何より工賃の低さは天下一品だから、ありとあらゆる注文が集まってくる。

世間では空前の感染症パニックでマスクが足りないとかで、ちょうどアベノマスクなんてものが配布されていた時期。医療用の防護服も在庫が底をつきかけているとニュースで騒がれていた。

「よ～し、おれたちにまかせとけ！」

縫製工場担当者たちは腕まくりをして取り組んだ。久々の大量の仕事に一気に目に光が戻った。

いざ作業が始まると意気揚々、土日も返上で工場を動かし続けた。その姿には、こんなにもやる気のある男たちだったのかと正直感心してしまった。

パターンどおりに布をカットし、ミシン掛けし、きれいに畳んで仕上げていく。それぞれの担当をテキパキとこなし、流れ作業のチームワークでできあがった防護服があっという間に山のごとく積み上げられていった。

これを聞きつけたテレビ局からは取材の依頼が入り、テレビクルーが機材を抱えてやってきた。その模様は夕方の全国ニュースで流れた。

「世の中が困ってるっていうんで。だったらよし！　おれたちがやってやろうじゃないか、って気持ちでがんばりました」

それまでの人生、悪事でニュースに出たことはあっても感謝されて話題になるなんて思いもよらなかった者たちが、そんな殊勝なことを言っている。もちろん顔はモザイクがかかり、声も変えてあったけれど、それでも自信満々でインタビューに答える心境は十二分に伝わってきた。

休日もおかまいなしで黙々と縫製作業に取り組むさまは、嘘偽りない彼らの真情を伝えていた。

社会の、誰かの役に立つという実感が、ひとにこのうえない充実感を与えてくれるのだと思う。

コロナ以前から感じていたことだけれども、塀の中で仕事を与えられると、意外にも才能を発揮する者がいる。それまでは能力のないダメ人間と思われていたとしても、それは自分に見合った仕事に出逢えなかっただけなのだ。

どんな業務でもしっかりとやっていれば、だんだんと責任ある業務の担当に昇格する。たとえば工務作業ならば、壊れたドアや建具の修理などを担当させてもらえたりする。これは金槌などの危険な工具を扱うため、信頼できる受刑者でなくては任せられない。抜擢されるのは一種の賞《プライズ》に値する。そこまでいければたいしたものなのだ。

ベテラン刑務官から聞いた話にこんな受刑者のエピソードがある。

その男はバカがつくほど生真面目な模範囚で、塀の中の建物修繕を一手に任されていた。長期刑だったが、平素の行いがとても良かったため、予定よりも早く仮釈放が決定した。

シャバに出られる。服役中ならば誰しもが跳びあがって喜ぶような展開だ。

けれども彼は、笑顔の裏で少しだけ表情を曇らせた。

「直しかけのあの扉が気がかりです。きっちり最後まで仕上げてから出たかったんですけどね」

そんなことを気にかける必要なんてないのに、どこまで愚直なんだろう。でも信頼され、期待をかけられてこそ、そこまでの模範囚になっていったのは間違いない。

たまたまそれが塀の中だっただけの話で、仮にもっと早く一般社会でそうやって認めてもらえる人たちに出逢えていれば、刑務所に来るような生き方にはならなかったかもしれない。

ひとの運命は本当に数奇なものだ。たったひとつの称賛が救いの一歩になることがある。

コロナウイルスは人間に辛い試練ばかりを与えたけれど、そんな闇の中でも防護服を作ってニュースにまで取り上げてもらった彼らの姿には、わずかな光を見た気がする。その光は間違いなく、その先の生きる道を照らすはずだ。

関係各所には彼らを信じて仕事を与えてくれたことに感謝したい。と同時に、彼らにはあの日々の達成感を忘れて欲しくない。

たとえ塀の中の受刑者でも、前科のついた人生でも、誰かのためにできることはいくらでもあるんだから。

外の世界に出たら、今度は自分でそれを探しながら生きていってもらいたい。どんな小さなことでもいいから。

希望寮と保護室

日々歩く刑務所の敷地には、広いコンクリートの外廊下を隔てて左右にふたつの建物がある。どちらも小ぶりなアパートくらいのもの。

右側の建物には表札がかかっている。そこには『希望寮』の文字。

施設によっては復帰寮とか釈前寮と呼ばれることもある。仮釈放の決まった者が出所を待つ間の期間を過ごす場所だ。

普通の舎房とは違って、鍵や鉄の柵がない。半開放の部屋である。

入寮者はここで社会復帰の準備をする。生活保護の申請方法や運転免許の再交付、ハローワークへのつながりかたなどを教わる。なにせ長いこと一般社会から離れていたわけだから、いわゆる〈ムショぼけ〉からのリハビリをしなくてはならない。

ここまでくるともう工場作業も免除なので、テレビを見たり雑誌や新聞を読む時間も増える。希望寮からはそんな生活音や時折、笑い声も聞こえてくる。

だから刑務所の中には珍しく、ここだけは陽が差すような明るさを放っている。

反対側、左手の建物はそれとは真反対の重苦しい空気が漂う。

ドアの隙間からは鼻をつく消毒薬の臭い。時折、獣のような唸り声が聞こえる。

その部屋の名前は『保護室』。

読んで字の通り、普通とは違うレベルの保護が必要な者が入る部屋である。端的に言えば、危険な人物だ。

たとえば錯乱状態で暴れて手が付けられないとか、他の者に襲い掛かったり、自分を傷つける行為がある時などにそこへ収容される。

おそらく、みなさんが想像するような単なる暴れ者とは次元が違う。

刑務所のなかには薬物使用によるものをはじめ、脳に疾患を持つ者が少なくない。妄想によるパニックや躁状態の人間は信じられないほどの力を出すものだ。

便器を壊したり机を投げ飛ばすなどはたやすいこと、刑務官の制止など振り切るのは朝飯前だ。ひとに噛みつく、自分の身体を壁に打ち付ける、叫ぶわめく怒鳴る。

そこには理由などない。きっかけも見当たらない。そしていつおさまるかも予測不能。

ただ周囲を巻き込んで血だらけのひどい騒ぎになる。

これでは他の被収容者の生活が脅かされるので、隔離するほかない。

そういう場合は数十人の刑務官が取り囲んで保護室へ連行する。その一部始終は証拠としてビデオに記録される。

その部屋の内部には何もない。机、布団、便器、洗面台、普通の居室にあるものがいっさい置かれていない。天井近くに小さな明かり取りの窓があるだけのがらんどうだ。

なぜならそれらのすべてが彼自身を危険にさらす道具になるから。手に触れるものはすべて投げて破壊する。布団があればちぎって飲み込む。洗面台には衣類を結わいて首をくくる。

だからトイレも床に設置された排水溝を使う。便器はない。そこには小さな蛇口が申し訳程度についている。食事は発泡スチロールの容器で小窓から配られる。

この部分だけを切り取って見ると、

「なんてひどい仕打ちだ！　非人道的な扱いでけしからん！」

と憤慨されるかもしれない。それくらいにショッキングな現場である。

けれども実際の彼らの挙動を一度でも見てもらえれば、すぐさまこうせざるを得ないわけを納得してもらえると思う。

保護室に連行になる状況の者は、精神状態の悪さから一晩中叫び続け、体を壁に打ち付け、自分の便を食べ、壁に塗りたくり、刑務官に投げつける。当然彼らの叫ぶ言葉は主語も述語もなく、意味を成していない。

意図をくみ取りたくてもできるものではないし、刑務官のなだめる言葉もまったく届かない。

食事も摂らずに散らかしてしまう者も少なくない。

来る日も来る日もその部屋の汚物の掃除と彼らの世話に奔走する刑務官らの苦労は筆舌に尽くしがたい。

あのツンと鼻を刺激する消毒薬の臭いはそうした処理のためのものだ。

2001年に名古屋刑務所で起きた事件をご存じのかたもいると思う。保護中に拘束されて自由を奪われたうえにホースで体に放水され、命を落とした被収容者のニュースは当時社会に大きな衝撃を与えた。

非人道的な処遇だとの批判を受け、矯正の現場は苦境に立たされた。その結果として

2005年の監獄法の改正につながっていくわけだ。およそ100年ぶりの見直しであった。

当時のことを知る関係者も減り、今となっては誰も真実を蒸し返したりもしない。ただ、はっきりしているのは、話せばわかる無抵抗の相手に拘束はしない。自分で排泄ができて体を拭ける人間に対してホースで水をかけることはない。それだけは言っておきたいと思う。

この出来事から考えるべきことは、人命にかかわる事件が起きなければ変えられない国の仕組みの問題だ。

2021年3月、名古屋出入国在留管理局においてスリランカ人女性、ウィシュマ・サンダマリさんが亡くなったこともまったくの無関係ではない。

彼女がなぜ入管に収容されることになったのかという詳細はあえてここでは触れずにおくが、人命が失われた事実は目をつぶるわけにはいかない。

入管もまた矯正と同様に法務省の管轄である。その医務体制はかつての、昭和の刑務所をほうふつとさせる状況だ。医師の配置を義務付けているものの、その定員は常にマイナスのまま埋まることがない。

こんな状態で、被収容者の安全を保障できるはずがない。矯正医療が長年にわたり尽力してきた医療体制の確保、今度は入管がそれに立ち向かうときに来ている。

国籍がどうあれ犯罪者であれ、人命に関わるようなことが起きるよりも前に改革をする敏捷さと勇気が、今まさに求められている。

第8章　笑う刑務所を作ろう

笑いの健康体操

私が矯正医療をやろうと決めたちょうど同じころ、たまたま参加した学会で面白い講演を聴いた。

題は『笑いと健康』。福島県立医科大学の大平哲也教授によるものだった。

大平先生によると、笑いが人体に与える好影響は多岐にわたるとのことだった。精神にも身体にも良いことが、国内外の膨大なデータによって裏付けられていた。例をあげれば、

・痛みの抑制効果はモルヒネ並み
・アレルギーの数値の減少
・血糖値、血圧を下げる
・ダイエット効果

こうした身体的な効果以外にも、

・出世しやすい
・結婚率が高い
・高収入

なんて具合に、人生そのものにまで良い効果をもたらしていたというから聞き捨てならない。

たいていはお堅くて面白味にかける医学会なのだけれど、これは珍しい内容で、知らず知らずに前のめりになって聞き入った。

講演の後半部分に特別なおまけとして〝笑いの健康体操〟の実践が行われた。

やることはいたって簡単。

「ホッ・ホッ・ハハハ」

という掛け声に合わせていろいろ体を動かす。

「あはははは〜！」

とお腹の空気をすべて吐き出す。

文字通り笑いながら運動をするものだ。日常動作をベースに、手足を大きく動かしていく。自転車に乗る動きやジュースを作って飲む動きなど、どれもすごくシンプルなだけに子供でも老人でもできる。ひとを選ばないのは健康法として優れモノだ。

「ホッ・ホッ・ハハハ
ホッ・ホッ・ハハハ
あはははは！　イエ〜イ！」

最初は周りの様子を窺いながら少しずつ声を出してみた。なんだか馬鹿げたことをしているような気恥ずかしさもあった。私だけでなく、参加者のほとんどはそう感じていたはずだ。

でも、部屋中に笑いの掛け声が充満するのにさして時間はかからなかった。大平教授のリードにあおられて、瞬く間にみんな揃って大きな口を開け、

「あはははは〜！」

と笑い顔になった。

いやいや、何も面白いことをしているわけじゃない。誰かがギャグを飛ばして笑わせてくれるわけでもないのに、なぜか途中から愉快な気分が噴き出してくる感じがした。

断っておくがこれは医学の学会会場での出来事である。参加者はすべてドクター。男性が多く、私よりも年上の先生もかなりいた。

普段ならば〝先生〟と崇められ、事実それなりに研鑽を積んだ医師たちが学びのために集まった会なのだ。

カタブツの面々が顔を揃えたにもかかわらず、短時間に場の空気を笑いに変えたこの体操のパワーはただモノではない。

たった10分程度の体操だったけれども、不思議とすっきりした気分で会場を後にしたのを今でも覚えている。

不思議なことはこれで終わりではなかった。

数日後、日常の仕事に追われて、先の講演のことはすっかり頭から離れていた。

当時、私はまだ塀の外で普通の医者をしながら閉院準備を並行して行っていたので、何かと神経をすり減らすことも多かった。実際に一日に診る患者数も50人を超えていたから、体力的にもきついものがあった。

一日の診療を終えて帰宅するとたいていヘトヘトだった。

「あ〜ぁ、もう疲れたな」

ため息をつきつつお茶を入れようとしたとき、思わず口をついて出たのが、

「ホッ・ホッ・ハハハ……」

あの体操の掛け声だった。

疲れているはずなのに、不思議な呪文みたいに掛け声が溢れ出てくる。

「ホッ・ホッ・ハハハ、ホッ・ホッ・ハハハ、いいぞ！　いいぞ！　イエ〜イ」

なんだかよくわからないけれどだんだん気分がよくなってきた。一日の嫌なことがバカらしく思えて頭から消えた。

あの学会の日と同じだ。べつに面白いことは起きていないのに、ただ笑いの健康体操を始めただけで本当に楽しいような気分になるのだ。

（うん？　こりゃいいかもよ？）

その時からときどき意識的にホッ・ホッ・ハハハを唱える習慣がついた。気持ちがダウンしているときほどこれが功を奏した。

そうするうちに、この健康法により興味が湧いてきて、大平教授の話されていた日本笑いヨガ協会のサイトを覗いてみた。

笑いの健康体操の起源は、インドのドクター、カタリア先生が作った〝笑いヨガ〟のメソッドにあるということを知った。

どうせならもう少し詳しく知りたい。好奇心から協会の例会に参加した。それだけでは飽き足らず、セミナーにも参加して、リーダー養成講座まで受講した。

簡単なリードなら取れるくらいまでに教えを乞うた。

笑いヨガは知れば知るほど奥が深く、世界各国に拡がりを見せていることもわかった。なんと１００カ国以上で実践されていて、そのほとんどが営利目的ではないという。ライセンスもフリーだ。妙な教材や道具を無理に売りつけるようなことがないのも安心材料だった。

国内の大手百貨店では、この体操を朝礼で取り入れてから、従業員のモチベーションが上がり、離職率を引き下げられたとの結果も出ていた。

YouTubeではたくさんの世界の動画を見ることができた。朝の公園で、学校や老人施設で、笑いヨガをやっている様子がアップされていた。どれも無理やりやらされているといった雰囲気でなく、自主的に好んでやっているように見えた。

そして目に留まったのが、一本の動画だ。東南アジアの刑務所で、受刑者たちがゴキゲンでホッ・ホッ・ハハハとやっているシーン。

それまでに私の抱いていた刑務所のイメージは、暗くて陰湿で笑いなどは皆無なところ、だったから、その落差にはびっくりさせられた。

ネットを探していくうちに、アジアや南米などいくつもの国の刑務所で、再犯防止の取り組みのために笑いヨガが取り入れられていることを知った。

まさにそのタイミングだった。私が塀の中のプリズン・ドクターになる話が具体化したのは。

（どうせなら日本の刑務所でも笑いヨガをやればいいのにな……）

矯正医療に足を踏み入れるのなら、ただ病気を診るだけに留まるのは物足りない。何か新しい挑戦をするべきだ。法務省も再犯防止には相当に力を入れていたので、日本でも笑いヨガがぴったりはまるような直感があった。

なにせこれといった道具を購入する必要がなくて予算もかからない。場所も普通の部屋さえあればできる。人員の確保も不要。

とはいえどこにどう申し出ればいいものやらまったくわからない。矯正施設のプログラムは法務省が決定するので、そう簡単に変更できるシステムにはなっていなかった。

本省の担当者に話をしたり、当時の統括責任者にもちかけたりすると、みんな、

「へぇ、それは面白いですね」

とは反応してくれるものの、それ止まり。そこから先へはことは運ばなかった。仕方がない。みんな余計なことに手を出すリスクを背負いたくはないのだ。

やることは簡単だというのに、国に新しいアクションを起こさせるのはなんと難しいことか……。1年以上も停滞が続き、諦めかけていた矢先、思わぬ好機が訪れた。

当時の私の勤務先の刑務所の所長をされていた石塚淳氏から、

「やってみたらいいじゃないか。どこもやっていないことならなおさらだ。うちが先頭を切ってやろう」

の言葉をいただいた。所長の一声さえあればいきなり動きが活発化するのが、役人の世界だ。

復帰支援教育の一項目としてコマをもらえることになった。

刑務所の教育というのは授業みたいなもの。罪の種類や刑期によって受ける授業が決まっている。その中でも復帰支援というのは、出所が近い者が社会に出ていくための準備のひとつという位置づけだった。シャバに出て、再び犯罪を犯さないためにはどうしたらいいか？　福祉の手続きにはどんなものがあるか？　など生きていくためのノウハウを教えるものだ。

正直、名目なんかどうでもよかった。ひとまず刑務所で笑いの授業がやれることに私は胸躍っていた。

笑い方を忘れてしまう受刑者たち

日本で初めての刑務所での笑いヨガの導入。

実際に始めるにあたっては〝笑いの健康体操〟というネーミングにした。ヨガという呼び方よりもあえて日本語でわかりやすいものが良いと考えたからだ。宗教色、思想とはまったく無関係だとアピールしたかったのもある。これは大平教授や日本笑いヨガ協会の高田佳子先生が用いている名前でもあった。

かくして1回目の授業の日を迎えることになった。

刑務所の中には、学校の教室のような部屋がいくつもある。カーテンの揺れる窓からは空が見える。机と椅子が並び、黒板もある。懐かしい中学校を思い出させる。そこが私たちの会場だった。

最初の対象者は6名。出所が近い者たち。授業に耐えられるメンタリティを持っているなどのもろもろの条件をクリアした少数精鋭のクラスとなった。男子刑務所なので当然、男ばかり。50代以上の中高年がメインだった。罪状は窃盗と覚醒剤取締法違反がほぼ半々。

「起立！　礼！　着席！」

担当刑務官によるリズミカルな号令で、みんな自分の席につく。

まず私がとりかかったのは、彼らにアンケートを取ることだった。

国の施設で新しい試みをするからには、ただ単に、

「やります。はい、やりました」

というわけにはいかない。その意義をビフォーアフターでしっかりと検証する必要があるのだ。

まずは彼らに何をするかを伝えずに、フラットな状態でビフォーのアンケートをお願いした。

アンケート内容はできるだけ容易なものをと考えてフェイススケールを選んだ。

あらかじめ知らされた参加者のデータを見ると、知能指数が50程度と低い者もいることがわかっていたから、難しい質問形式のものは避けた。

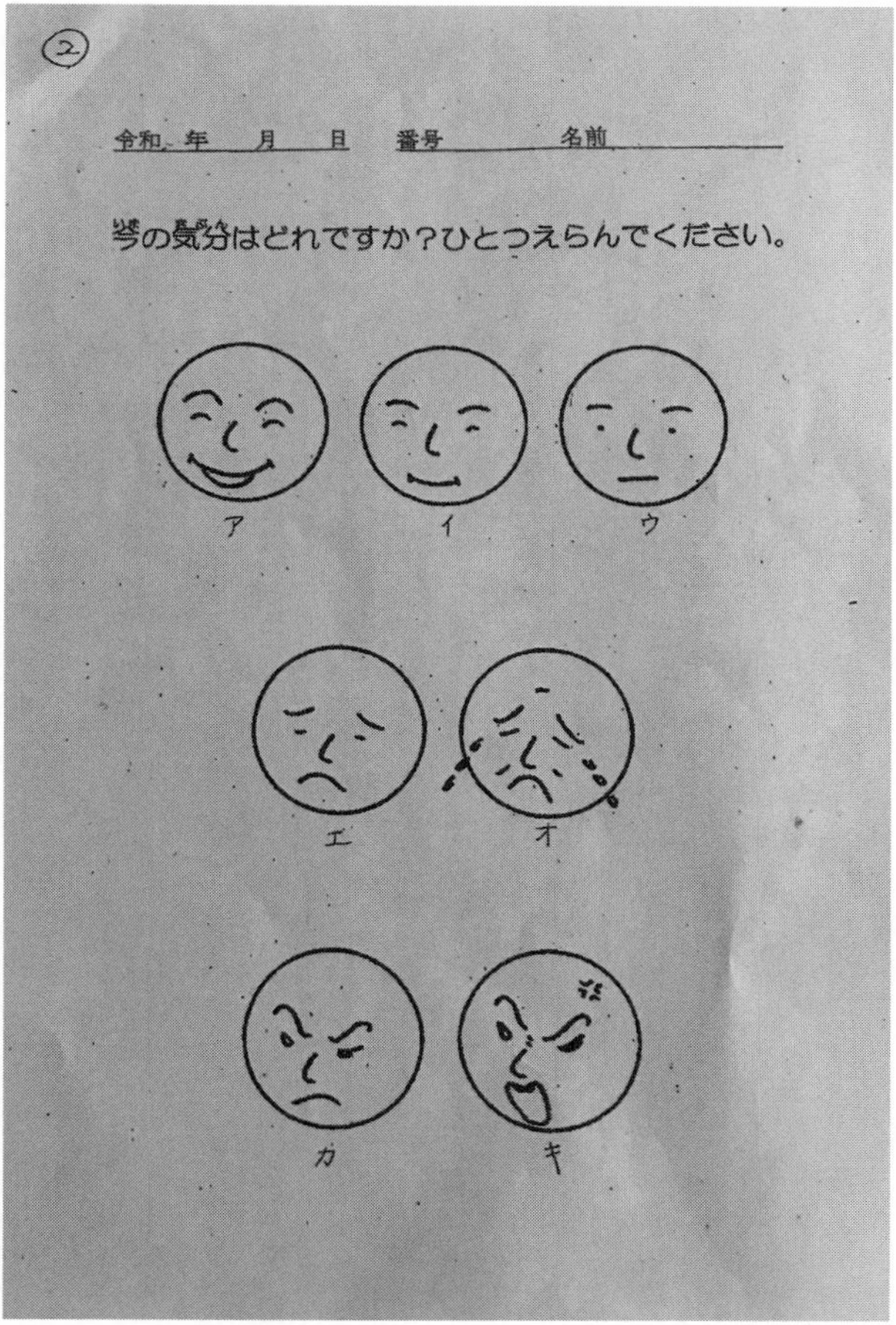

笑いの健康体操で使うフェイススケール。
授業の前と後に、その時の気分に合った顔を選んでもらう。

はじめにイラストに描かれている顔のうち、今の気分に最も近いものひとつに○をつけてもらう。怒り顔から泣き顔、無表情から大笑いまでトータル7個の顔が並ぶ。これを直感で選んだものが、すなわち今この瞬間の精神状態を反映しているととらえる。

これを笑いの健康体操の後にも再度選んでもらい、比較する。とてもシンプルだけれど、どのように感情が変化したかを見るにはなかなか信憑性のあるテストのひとつだ。

ビフォーのアンケートはみんなすんなりと記載できた。

用紙の回収を終えると、いよいよ本編に入っていく。

「さあ、では今日はこれから初めてのカリキュラムをやります。難しいことは一切ありません。みんなで運動をするだけです。それを声を出したり、笑いながらやります」

表情が硬い。6名が6名、ピクリとも動かない。どうリアクションしていいのかわからないようだ。ある程度長い期間ムショ暮らしをすると、たいていの人間は感情を露わにしないクセが身についてくる。怒ったり笑ったりすると怒られるからだ。

前にも書いたようにそこは交談禁止の世界なのだから、ポーカーフェイスに徹するのが何よりの保身というわけだ。

まあ考えてみれば彼らが固まるのも無理はない。日本の刑務所には1908年に制定された監獄法と称される決まりで支配されてきた長い歴史がある。喋るな、笑うな、壁のほうを向いてじっとしていろ。それはミュージカル『レ・ミゼラブル』のオープニングの歌、

♪下向け、目を合わすな♪

さながらの厳しさ。

そういった掟が日常化した世界。それは受刑者処遇法が施行される2006年5月まで実行されていた。これは平成18年度、つい16年前の話である。それに法改正がなされたからといって、古い習慣の名残はそこかしこに残っているものだ。

そんなところへ急に、

「さぁ、みんなで笑いながら体操をしましょう」

なんて能天気なことを言われても、そりゃあ戸惑うに決まっている。

手始めに深呼吸からやってみた。

「大きく息を吸って〜吐くときにハハハハハと声を出して、お腹から全部吐ききって」

誰もが緊張しながら形ばかりの深呼吸をしている。ダメだ。

「じゃあ今度は深呼吸に手をつけてみよう。大きく手を上げて～、おろして～」

こんなことすらもうまくできない。遠慮がちに手を動かすだけ。とうてい肺に空気を出し入れするような深呼吸にはなっていない。全然ダメだ。

それでも私は体操を進めた。

「ホッ・ホッ・ハハハ、ホッ・ホッ・ハハハ」

例の魔法の掛け声とともに部屋を歩かせてみた。好き勝手に自分の歩きたいように歩き回るのがポイントだ。

だがこれが一番難しかった。みんな長い期間、歩くといえば行進しかしていないので、自然と前の者にくっついて回遊魚の群れみたいに同じ方向を向いてぐるぐる回る。

「ちがうちがう！　行進は忘れて。好き勝手な方向に、好きなスピードで歩いていいんだよ」

部屋の中を自由に歩きながら腕を回したり手を叩いたり、普通のひとたちならば簡単にできそうなことがここまで困難だとは予想外だった。こんな具合にウォームアップにたいそう時間を要した。

カリキュラムには教育担当の刑務官たちも一緒に参加してくれた。

被収容者の6名とまったく同じ掛け声、同じアクションで、率先して体を動かし部屋を歩き回ってくれた。

「ホッ・ホッ・ハハハ」

普段は口を真一文字に結んで仁王立ちで仕事をしている刑務官たちが大きな声を出しながら腕を振り回して歩く姿は新鮮な光景だ。

おかげでそれにつられて6人の男衆も少しずつ気分を軟化させ、ぎこちないながらも動き始めた。

基本動作と掛け声ができてきたならば、今度は体を大きく使った動きを入れていく。

普通のセッションでは日常の生活シーンをモチーフに、体操を組み立てる。例えばジュースを作って飲む笑い、挨拶笑い、自転車こぎ笑いなど、いろいろなバリエーションがある。

今回は彼らがとっつきやすいようにスポーツのシーンをテーマにした。

「あなたは何のスポーツが好き?」

「野球です」

「そうか、ならば野球笑いをやろう。ピッチャーが投げるポーズでハハハハハ、バッターが打ってハハハハハ、外野手がフライを捕ってハハハハハ」

ピンク・レディーのサウスポーの振り付けみたいにわかりやすいモーションを体操に仕立てた。

「投げて〜ハハハハハ、打って〜ハハハハハ、捕って〜ハハハハハ」

私がレクチャーするものの、最初はみんな全然声が出ない。表情すら変えずに口も大きく開けられない。仏頂面で直立している者すらいた。

「何も気にする必要はないんだよ。ここでは大きな声を出しても怒りません。笑っていいんです。大きく体を動かしていいんです。あとから叱られたりはしないから安心して動いて。せっかくの自由な授業なんだから真面目ぶってたら損しちゃうよ」

そうあおって、少しずつ彼らの硬さを解いていく。

やっているうちにだんだんとみんな笑い声が出てきた。動きも大きくなって、少し楽し気だ。

「あなたは何が好き?」

「サッカー！」

「柔道！」

「わたしは相撲がやりたいです！」

それぞれの好きなスポーツを提案し、それに私が即興で体操の動きをつけた。

「ハハハハハ、ホッ・ホッ・ハハハ」

次第に部屋中に笑い声がひろがりはじめた。刑務所にはまず響かない声だった。最初に硬かった参加者ほど笑い顔が際立った。

ここまで読んでお気づきかと思うけれど、私は最初から一度も、

「楽しめ」

とは言っていない。

そう、これが最も重要な点、笑いの健康体操は楽しまなくていいのだ。面白いなんて思わなくていい。ただ単に、笑い顔でハハハハと声を出して息を吐く運動だと割り切ってやれば、それでいいのがこの体操の最大の特徴だ。その証拠に、心の底から可笑しくて笑ったときよりも、運動として笑ったほうが効果があがったとのデータすらあるのだ。

笑いながら動き回る、ハハハハハ、イエ～イ！　などと口に出す。こんなことはくだ

らないしバカみたいな気もする。でもそれでいい。

バカみたいと思っても、それをやることで心身への効果がちゃんと出てくるから人体は不思議なのだ。


こんな手探り状態ではあったけれど、笑いの健康体操カリキュラムはその後も2回、3回と定期的に開催するに至った。参加者は出所が近い者からその都度選ばれた。回を重ねるごとに私も担当官らもだんだんと慣れてきて、参加者が固まっていようがなんだろうが気にせずにやることにした。やっているうちに次第に場がほぐれてくると経験からわかったからだ。

刑務官自身もこの授業で気分が良くなるのを実感したとみえて、仕事とは言いながらどこかしら楽し気にさえ映った。


体操の終わりには毎回みんなで円座になって、クールダウンをした。

久しぶりの笑いや大声に高揚してしまった気分が、深呼吸や目を閉じてハミングの呼吸をすると、すーっと落ち着くのがわかる。これもまた爽快な体験だ。

こんな風に自分の心身をコントロールできるのだと冷静に実感できるチャンスは人生には案外少ない。

終了の挨拶代わりに私が必ず伝えてきたのは、

「みなさんはもうじきここを出ていく人たちです。外の世界に出たら腹の立つことや嫌な目に遭うこともあるでしょう。世間は厳しいものですからね。

でも、そんなときは今日のこの経験を頭のどこかで思い出してください。

ムカついて暴れたくなったら、やりきれなさから酒や薬に手を伸ばしそうになったら、ひとりで今日のホッ・ホッ・ハハハを唱えてみてください。トイレの中でも道端でもどこでもいい。小さな声だってかまいません。思いっきり笑い顔を作って、いいぞいいぞイエーイ！　と両手を上げて笑ってみてください。もしかしたら少しは気分が晴れるかもしれません。

人間は不思議なもので笑い顔をしながら怒ることは難しいのです。ニコニコ顔で暴力を振るったり人を殺めたりはできないものなんです。だからつらい時ほど笑ってください。楽しくなくても笑ってください。そうすればおのずと気分はあとからついてきます。そうやって過ごしていく練習をしてください。そして二度とここで会うことのないように、元気で過ごしてください。お願いします」

これが私が刑務所に笑いを取り入れたかった理由のすべてでもあった。

それが伝わったか伝わらなかったかは彼らのみぞ知る、だけれどもみんなが清々しい表情でうなずきながら聞いてくれた光景は私の胸に刻まれた。

彼らの本音からすれば最初はこんな授業なんか乗り気でなかったかもしれない。教育カリキュラムのひとつだからしかたなく参加をしただけの者もいただろう。

それでも結果的に彼らの中の何かがわずかに変化したことは見過ごせない事実。

「面白いことをする必要はない、ただ単純に笑えばいい。

楽しいから笑うんじゃない、笑うから楽しくなるんだ。

幸せだから笑うんじゃない、笑うから幸せになるんだ」

笑いヨガを始めたインドのカタリア医師の唱えるとおりの現象がここ、日本の刑務所でも起きたのだ。

アフターのアンケートには簡単な感想文も自由に書いてもらえるようにした（次頁写真参照）。強制ではなく、

「書きたければどうぞ」

程度にお願いしたのだけれど、予想以上にみんな長い文章をていねいに書いてくれた。いくつかご紹介させてほしい（いずれも原文ママ）。


「やっぱり笑っているとゆう事はいい、気持ちが楽になりました。ここでは出来ないので今日は先生のもとで笑い顔ができてよかった」

「笑う角には福来る。笑いは周りの人達を楽しく幸せな気持ちにさせることが出来て、自分も楽しく明るくなりますね。一度しかない人生、笑って楽しく健康で長生きしたいですね。皆、笑って過ごせれば争いはなくなります」

「始める前より確かに身体が楽に心が軽く明るくなった気がしました。毎日作業時間の中で5分程度、フフ・ハハハを行えればたいへん幸福です」

「久し振りに笑って気持ちが良かったです。笑うことはとても大事だと思いました。今

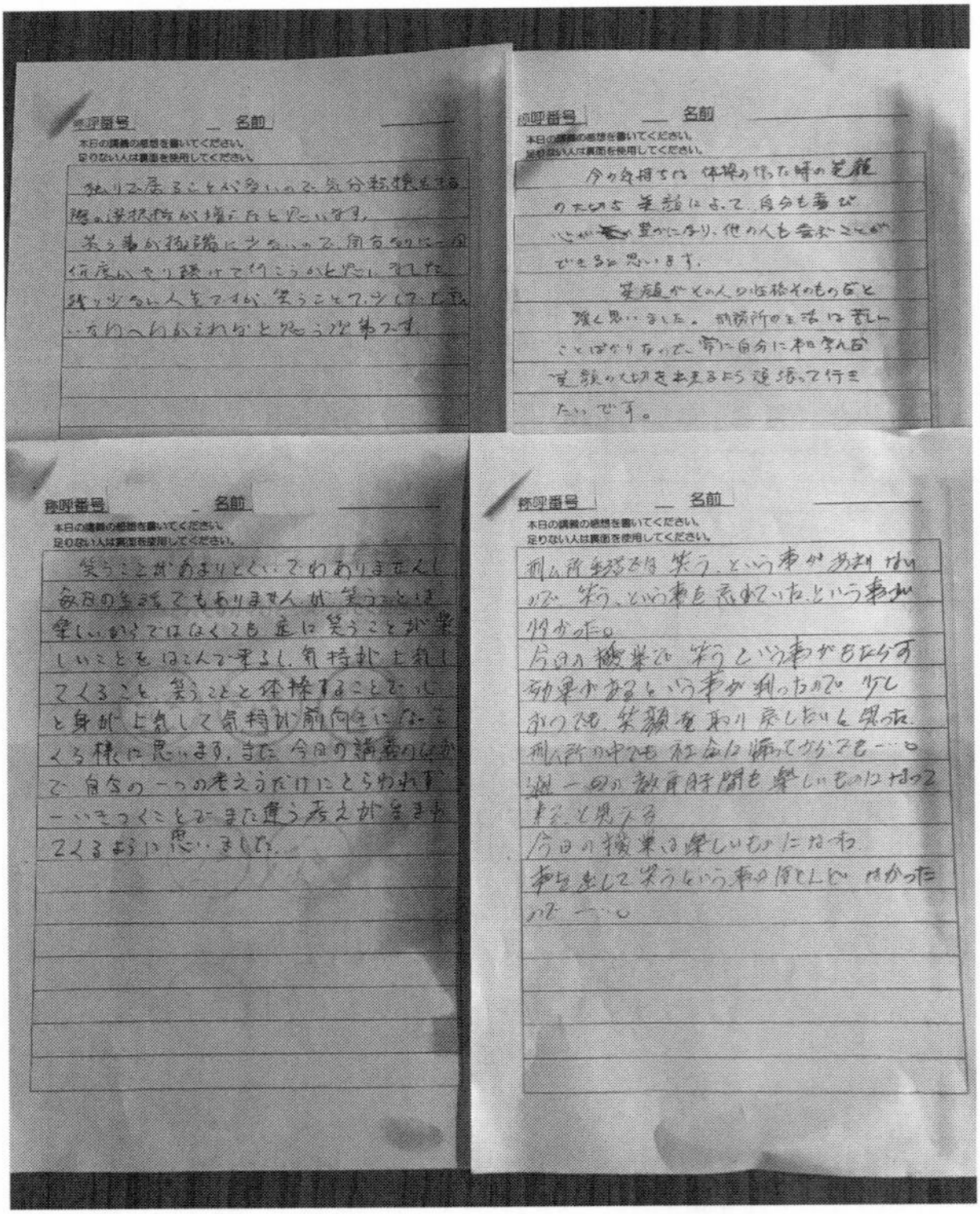

笑いの健康体操の授業を受けた受刑者の感想の一部

日はありがとうございます。必ず立ち直って行きます」

「笑う時間を忘れていました。動きの中の笑いはお腹が空きました」

えんぴつで書かれたアンケートに一枚一枚目を通していたら、カリキュラムの立ち上げから尽力してくれた復帰支援教育の担当者が傍らでしみじみとつぶやいた。

「なんていうか、素晴らしい結果ばかりで……。感動しちゃいますね」

普段は小難しい顔がトレードマークの刑務官が思わず顔をほころばせた。

それを見たこちらもまた、嬉しくなった。

あとがき

私が塀の中へ足を踏み入れてから5年目を迎えた。

野良猫一匹入れない高い塀にも、日々鳴り響くサイレンの音にも、すっかり慣れっこになった自分に気づく。

そして、目の前に座る緑色の刑務作業衣を着た受刑者の診察をするのが、あたりまえの日常となった。

知れば知るほど、彼らは普通の人間となんら変わりはないと感じてしまう。私たちと同じで、病気になれば苦しむし、ケガをすれば血が出る。

そんな彼らを見ながらずっと考えてきたこと。

（罪人は生まれながらにして悪人なのか？）

たしかにこの世には、人としてどうしようもなく許しがたい罪がある。

・まだ幼い女児を次々と誘い込み、性的行為をはたらいた男。その者は優しく穏やかな物腰から近所ではいいおじさんとして通っていた。
・内縁関係の女性の連れ子を泣き声がうるさいからと床に投げ飛ばして殺した男。その片手には別の女とＬＩＮＥをする途中の携帯電話が握られていた。
・騒ぎを起こせば刑務所に入れる、人を殺せば無期懲役になれるからと念入りに計画を練り無差別殺傷事件を起こした男。被害者はそれを止めようと立ち向かったまったく見ず知らずの男性だった。
・社会的弱者を「社会の邪魔者だ」と決めつけ立て続けに襲った男。
・自分の受け持ち患者の点滴に異物を混入させて殺した看護師の女。

許せない、どうしたって許せないよ。

なんでこんなにもひどいことができるのか？

理由があるとするならば、それはひとつ。彼らの脳はすでに常人とはかけ離れた次元に存在するからだ。

それは妄想性障害とか人格障害とか統合失調症とか、なんらかの病名がつけられるだろう。こういった病的な犯罪者に、一般の我々の物差しはまったく通用しない。

精神の病に追い打ちをかけるように多くの不運や劣悪な環境が災いする。

学校へ行かせてもらえなかった、親の顔を知らない、誰も信用できるひとがいない。

そんな育ちかたが絡まりあって、彼らを狂気の悪魔に作り上げていく。

そうやって彼らは塀の中の住人となる。


罪の源に病があるとするならば、収監して反省させたからといって解決にはならない。

だって、ひとはそう簡単に変わらない。

それを思うとき、私は母の薬物依存との闘いの日々を思い出す。

「ママが間違ってた、薬はもうやらないよ」

その言葉に何度騙されたことか。いや、騙すつもりはなかったんだろう。本当にそのときはそう決心したんだと思う。でもそれが守れなかっただけなのだ。

多くの薬物犯罪の受刑者が何度も刑務所に逆戻りしてくるのもそれと同じだ。頭ではいけないと理解していても止められない病が依存症だ。薬物だけに限らず、暴力、ギャンブル、ＳＥＸ、あらゆる依存は犯罪と背中合わせだ。

でも諦めてはいけない。我々治療者はトライを続けなくてはならない。１００回やってダメでも１０１回目には何かが変わることがあるかもしれない。そんな途方もなく遠い未来を探るような作業、それが矯正医療なのだ。

だから私は医療者の立場からひとりの人間として彼らとフラットに向き合うことを意識している。

「たしかにあなたは罪人です。でもあなたの話をちゃんと聞く人間がここにいますよ。あなたにも、もともとは人としての価値はあったはずです」

その姿勢を見せていくのが再犯防止教育の第一歩だと思っている。

悪魔の顔を持つ彼らでも、その大多数は生まれ変われる可能性がゼロではない。

なぜなら、

「ありがとうございました」

のお礼が言える。診察室で頭を下げる。使った椅子を揃えようとする。これは人としてとても大切なことだ。

とある受刑者はこう言った。

「朝起きると、あちこち痛いです。刑務所の床は硬いから。でも、少しは我慢もしなくちゃダメですね……」

彼はたまたますれ違った赤の他人と小競り合いになって、ついカッとして殴り致命傷を負わせた。そんなかつての彼に我慢という文字はなかっただろう。その口からこの言葉が出てきたことは見逃しがたい変化だと私は感じた。

こうやってひとつひとつ、塀の中で小さな辛抱に耐えていく。それがいつか外の世界で正しく生きる力になる。

私が塀の中の診察室で、笑いの健康体操の授業で触れてきた罪人たち、その不器用な笑い顔は切実に語りかけてくる。

悪人と呼ばれる人間でも、心のどこかに子供の頃の無垢な部分が残っているのが垣間見える。

そのたびに思う。きっと再起のためにできることはある。彼らが心底人間を嫌い、社会を恨み、心が腐りきる前に。

だからあえて言っておきたい。

人生を諦めるのはまだ早い。今、塀の中にいる君たちも、私も、そして社会も。

２０２２年９月

おおたわ史絵

謝辞

本書の作成にあたって多くの方のお力添えを頂いた。ここで以下の皆様にお礼を申し上げたい。

法務省仙台矯正管区　石塚淳様
法務省福岡矯正管区　白川智久様
金沢刑務所　林真輝様
横浜刑務所　吉村浩先生
法務省矯正研修所教官　片野智恵様
横浜刑務所教育主任　下川光代様
横浜刑務所　金沢刑務所　東日本少年矯正医療・教育センター関係者の皆様
福島県立医科大学医学部　大平哲也教授
日本笑いヨガ協会代表　高田佳子様
新潮社　新潮新書編集部　横手大輔様、プロモーション部　司茂貴美恵様、写真部　筒口直弘様
株式会社アンダーパレス　宮下浩行様、西川紳太郎様

（順不同）

おおたわ史絵　総合内科専門医、法務省矯正局医師。東京女子医科大学卒。大学病院、救命救急センター、開業医などを経て2018年より現職。著書に『母を捨てるということ』などがある。

Ⓢ新潮新書
975

プリズン・ドクター

著　者　おおたわ史絵《ふみえ》

2022年11月20日　発行
2022年12月20日　2刷

発行者　佐　藤　隆　信

発行所　株式会社 新潮社

〒162-8711　東京都新宿区矢来町71番地
編集部(03)3266-5430　読者係(03)3266-5111
https://www.shinchosha.co.jp
装幀　新潮社装幀室
組版　新潮社デジタル編集支援室

印刷所　株式会社光邦

製本所　株式会社大進堂

ISBN978-4-10-610975-1 C0230

Ⓢ新潮新書

820
ケーキの切れない非行少年たち
宮口幸治

認知力が弱く、「ケーキを等分に切る」ことすら出来ない――。人口の十数％いるとされる「境界知能」の人々に焦点を当て、彼らを学校・社会生活に導く超実践的なメソッドを公開する。

903
どうしても頑張れない人たち
ケーキの切れない非行少年たち2
宮口幸治

彼らはサボっているわけではない。頑張れないがゆえに、切実に助けを必要としているのだ。困っている人たちを適切な支援につなげるための知識とメソッドを、児童精神科医が説く。

520
反省させると犯罪者になります
岡本茂樹

累犯受刑者は「反省」がうまい。本当に反省に導くのならば「加害者の視点で考えさせる」方が効果的――。犯罪者のリアルな生態を踏まえて、超効果的な更生メソッドを提言する。

659
いい子に育てると犯罪者になります
岡本茂樹

親の言うことをよく聞く「いい子」は危ない。自分の感情を表に出さず、親の期待する役割を演じ続け、無理を重ねているからだ――。矯正教育の知見で「子育ての常識」をひっくり返す。

945
核兵器について、本音で話そう
太田昌克　兼原信克
高見澤將林　番匠幸一郎

日本を射程に収める核ミサイルは中朝露で計数千発。核に覆われた東アジアの現実に即した国家戦略を構想せよ！　核政策に深くコミットしてきた4人の専門家によるタブーなき論議。

Ⓢ新潮新書

942
マツダとカープ
松田ファミリーの100年史
安西巧
世界初のロータリーエンジン搭載車を販売し、国内屈指の人気球団も作った「尖った経営」の原点とは。4代100年に及ぶ、「不屈のDNA」を継ぎし者たちのファミリーヒストリー。

953
韓国民主政治の自壊
鈴置高史
「従中・反米・親北」路線を貫き、民主政治を壊し続けた文在寅大統領。彼にクビにされた検事総長が新大統領になった今、韓国は変わるのか。朝鮮半島「先読みのプロ」による観察。

935
「やりがい搾取」の農業論
野口憲一
構造化した「豊作貧乏」から脱し、農家が農業の主導権を取り戻すためには何をすればいいのか。民俗学者にして現役レンコン農家の二刀流論客が、日本農業の成長戦略を考え抜く。

933
ヒトの壁
養老孟司
コロナ禍、死の淵をのぞいた自身の心筋梗塞、愛猫まるの死——自らをヒトという生物であると実感した2年間の体験から導かれた思考とは。84歳の知性が考え抜いた、究極の人間論！

930
最強脳
『スマホ脳』ハンセン先生の特別授業
アンデシュ・ハンセン
久山葉子訳
コロナ禍で増えた運動不足、心に負荷を抱える子供たち——低下した成績や集中力、記憶力を取り戻すには？　教育大国スウェーデンで導入された、親子で読む「脳力強化バイブル」上陸。